NOTICE

SUR LA VIE

DE

M. L'ABBÉ JOIN-LAMBERT

Fondateur de l'Institution ecclésiastique de Boisguillaume

PAR M. L'ABBÉ PIERRE LABBÉ

ANCIEN SUPÉRIEUR DE L'INSTITUTION ECCLÉSIASTIQUE D'YVETOT

ROUEN

IMPRIMERIE NOUVELLE PAUL LEPRÊTRE

75, RUE DE LA VICOMTÉ, 75

—

1890

I

ENFANCE DE M. JOIN-LAMBERT. — SON ÉDUCATION. — SON ENTRÉE A L'ÉCOLE POLYTECHNIQUE.

JOSEPH-HIPPOLYTE JOIN-LAMBERT naquit à Elbeuf, le lundi 23 novembre 1812, et fut baptisé le jeudi suivant en l'église de Saint-Etienne, paroisse de ses parents. Join était le nom de sa famille, originaire du Midi, mais le grand-père de l'abbé Join-Lambert étant venu à Darnétal apprendre la teinture des laines, chez un de ses oncles, appelé M. Lambert, celui-ci charmé des qualités de son neveu, se l'associa et lui donna son nom. Quelques années plus tard, ce même aïeul portant les deux noms réunis de Join-Lambert, s'établit à Elbeuf. Il y épousa Mlle Hayet, qui appartenait à une famille très honorable, et dont le frère, M. Pierre Hayet, a été maire d'Elbeuf pendant trente années.

Joseph-Hippolyte, l'objet de cette notice, était fils d'Hippolyte Join-Lambert et de Marie-Eulalie Durécu. M. Join-Lambert exerçait en société avec son oncle, M. Pierre Hayet, la profession de manufacturier.

Sa sœur, personne d'une éminente piété, avait épousé M. Pierre Turgis, un des hommes les plus considérés de la ville, et aussi très religieux.

Mme Join-Lambert était digne de tout respect par sa piété, sa modestie et son attachement aux devoirs de son état. Ses parents, riches fabricants de drap, de Darnétal, l'avaient élevée, ainsi que ses sœurs, de la manière la plus chrétienne, étant très bons chrétiens eux-mêmes ; et, comme on se trouvait encore dans le temps de la révolution, ils avaient pris chez eux une religieuse, chassée de son couvent par la persécution, pour instruire leurs filles et les former à la vertu.

M. et Mme Join-Lambert eurent sept enfants, cinq fils et deux filles : deux des fils ne vécurent que peu de temps; la plus jeune des filles mourut à l'âge de sept ans. L'autre fille, devenue Mme Charles Flavigny, mère elle-même d'une nombreuse famille, a survécu à ses frères et conservé fidèlement les traditions chrétiennes en honneur dans sa maison.

Le petit Joseph-Hippolyte parut avoir plus que tous les autres reçu de Dieu le don de la piété, et sa mère put s'assurer qu'elle avait en lui un enfant de bénédiction. Il comptait à peine quatre ans, qu'un de ses parents le rencontra un jour tout seul, marchant gravement, un gros livre sous le bras, dans la direction de l'église : lui ayant demandé où il allait : « Au bon Jésus », répondit l'enfant. Cette pieuse simplicité rappelle en quelque chose la petite sainte Thérèse, s'en allant avec son frère chercher le martyre chez les Maures.

Dès ce temps-là, l'aimable enfant n'avait pas de plus grand plaisir que de se trouver à l'église. Il assistait régulièrement, les dimanches et fêtes, aux offices, en compagnie de toute la famille, car c'était l'usage alors d'y conduire les enfants dès leur plus bas âge, et ces habitudes chrétiennes se conservaient encore fidèlement à Elbeuf dans les plus honnêtes familles, autant et plus qu'en aucun autre lieu du diocèse.

Mais les offices de l'Eglise ne suffisaient point au zèle naissant du petit Joseph-Hippolyte. De retour à la maison, il n'avait rien de plus pressé que de répéter ce qui avait été fait à la paroisse, chantant de nouveau la messe ou les vêpres, et imitant les cérémonies qu'il avait vu exécuter; car il avait les ornements nécessaires, surplis, aube, chasuble, et le reste. De même pendant l'été, lorsque la famille se réunissait le dimanche dans la maison de campagne que M. Join-Lambert, le grand-père, possédait alors à Oissel, aussitôt l'office terminé, Hippolyte reprenait son exercice favori, secondé par une de ses cousines Turgis, de même inclination et à peu près de même âge que lui, qui mourut jeune fille.

Une telle dévotion n'allait pas absolument sans défauts, et comme il arrive entre enfants de la même famille, les imperfections d'Hippolyte ne pouvaient manquer de lui être reprochées. Ses frères et sœurs l'appelaient quelquefois *Monsieur l'entêté,* à cause de l'insistance qu'il mettait à occuper une certaine place à table. Car comme ils soupaient entre eux à la cuisine, sous la surveillance d'une gouvernante, Hippolyte faisait toujours en sorte de se trouver placé au milieu de la *barre* (sans doute la barre qui défendait l'approche du feu), poussant les autres et n'ayant point de repos qu'il n'y fût arrivé. Peut-être était-ce la tendance d'un esprit naturellement géométrique, qui dès lors se plaisait à l'exactitude des rapports. Quoi qu'il en soit, c'est-là le seul défaut qui ait été aperçu en lui par des yeux si clairvoyants, et l'on peut dire que s'il y fut jamais sujet, jamais homme ne se corrigea aussi parfaitement, car qui a pu découvrir chez l'abbé Join-Lambert la moindre trace d'une volonté obstinée ?

M. Join-Lambert voulut mettre Hippolyte en pension de bonne heure. L'aîné de ses fils, plus âgé de six ans, avait, depuis plusieurs années déjà, quitté la maison paternelle ; peut-être aussi la santé chancelante de Mme Join-Lambert faisait-elle désirer à son mari de diminuer ses fatigues, en éloignant également le second. L'enfant fut donc conduit à Rouen et placé chez M. Colombel qui tenait une pension dans la rue des Carmélites (où présentement est établie l'école Théodore Bachelet). C'était un local assez resserré et d'apparence un peu triste. Les bâtiments étaient bas et la maison en somme n'avait rien de ce que l'on exige aujourd'hui pour ces sortes d'établissements. Mais alors les goûts étaient plus simples, moindres aussi les exigences. M. Colombel était un bon et honnête homme, n'entendant pas malice aux choses de l'enseignement, et dont la maison était tenue comme l'avaient été par le passé la plupart des pensions de ce genre. Le jeune Join-Lambert entra chez lui au mois d'octobre 1822, peut-être même dès 1821. Il n'y resta guère qu'une année. Longtemps après, les souvenirs de cette époque excitaient en lui une douce gaîté, et ses amis se plaisaient à les lui entendre rappeler, car il racontait d'une manière piquante, saisissant mieux que personne le côté plaisant des choses et le faisant ressortir avec finesse. Il semblait en l'écoutant que l'on fût introduit dans « l'étude » de la petite pension, salle donnant sur la rue, et où pénétraient à l'occasion tous ceux qui avaient affaire au maître : étrangers, fournisseurs, pauvres gens venant chercher des bons de pain ou de viande que M. Colombel, en sa qualité de membre du bureau de bienfaisance, était chargé de distribuer. Mais ce qui avait le plus frappé le nouveau venu, c'était la manière dont se traitait la version grecque. Les élèves de M. Colombel n'étaient pas forts en cette partie, et le maître lui-même paraissait l'avoir peu cultivée jadis. Il n'y avait même pas longtemps que l'on avait commencé à s'occuper sérieusement du grec dans les études classiques. Lors donc que ceux des élèves de la pension qui suivaient les cours du collége rapportaient la dictée d'une version grecque, tout était sens dessus-dessous. M. Colombel réunissait autour de lui, au bureau, les plus forts de la classe : on lisait le texte, on feuilletait le dictionnaire, on essayait une interprétation, puis une autre, jusqu'à ce que l'on tombât sur un sens qui pût cadrer, ou à peu près. Et telle était la difficulté de ce labeur, que souvent M. Colombel mettait l'habit bas pour s'y livrer plus à son aise. Mais en même temps il oubliait tout le reste, et tant que durait le travail de la version grecque, le digne homme ne regardait rien de ce qui se passait dans la salle. C'était là le bon temps des plus jeunes écoliers; aussi ne voyaient-ils jamais revenir assez tôt les jours de version grecque, et ce qui devait plus tard leur causer tant d'ennui, était alors pour eux la source d'une joie singulière.

Il est probable que cette discipline un peu lâche fut une des causes qui décidèrent M. Join-Lambert à retirer ses enfants de chez M. Colombel pour les placer dans une maison où l'on donnât un soin plus assidu à leurs études. Il choisit la pension de M. Mainot, laquelle jouissait d'une réputation méritée. La santé de Mme Join-Lambert avait fort décliné pendant l'année précédente, et Mme Mainot, qui accompagnait son mari dans une visite aux parents du futur élève, prévit qu'elle aurait bientôt à suppléer cette pauvre mère. Ce fut dans la maison de campagne d'Oissel qu'eut lieu cette visite. Mme Join-Lambert recommanda son Hippolyte avec un accent de profonde tendresse. Elle pria Mme Mainot de trouver bon qu'il apportât sa soutane rouge et son aube, et qu'il continuât, comme par le passé, d'assister dans ce costume aux processions du Saint-Sacrement de la paroisse de Saint-Ouen. C'était également sur cette paroisse que se trouvait la maison de M. Mainot. La chose eut lieu comme l'avait désiré la pieuse mère; et dans les années qui suivirent, le jeune Hippolyte édifia la paroisse par sa tenue grave et modeste, durant toute l'octave du Saint-Sacrement : car ce n'était pas seulement aux processions extérieures du premier et du second dimanche qu'il assistait, mais encore au salut de chaque jour, et il n'en aurait pas manqué un pour tout l'or du monde. L'usage régnait alors dans les paroisses de Rouen de faire porter par un enfant de chœur la bourse, avec le corporal sur lequel on devait déposer aux reposoirs le « soleil » du Saint-Sacrement, et à Saint-Ouen, plusieurs années de suite, cette fonction échut au jeune Join-Lambert. Quels sentiments de religion le pieux enfant y apportait ! comme il se trouvait heureux de marcher si près du corps de Jésus-Christ ! Ainsi le petit Samuel servait *devant le Seigneur*, revêtu de la tunique que sa mère avait tissue. Dans ses dernières années le souvenir de ce privilége revenait à l'esprit du saint prêtre et réjouissait son âme.

Il entra chez M. Mainot à l'ouverture des classes de l'année 1823, et l'année suivante, il commença par la sixième à suivre les cours du collége royal. Il continua de s'y montrer studieux et appliqué, comme il l'avait été dès le début, chez M. Colombel, et l'un de ses anciens camarades, M. Anatole Dubois, de Rouen, lui rend ce témoignage qu'il n'était jamais puni. Sa docilité n'était pas moins remarquable que son amour du travail. Comment en aurait-il été autrement ? La crainte de Dieu et la piété grandissaient en lui et le dirigeaient dans toutes ses actions. Il fit sa première communion cette année, le lundi de la Pentecôte, 7 juin 1824. Avec quelle pureté de cœur, quelle droiture, quelle simplicité il approcha de la sainte Table ? Dieu le sait, et les Anges qui en furent témoins. Au dehors, un recueillement respectueux, mais peu de paroles, car sa modestie et une certaine timidité le tenaient déjà dans une grande réserve. Sans doute si sa pieuse mère eût vécu pour être près de lui durant cette journée, il se fût épanché avec elle; mais Dieu l'avait rappelée à lui dès l'année précédente, et elle était morte le 26 août 1823, ayant remis ce cher enfant entre ses mains. Quoique jeune encore lorsqu'il la perdit, Hippolyte avait la raison assez avancée, le cœur assez ouvert aux sentiments délicats pour apprécier le mérite d'une telle mère. Aussi en garda-t-il toujours chèrement le souvenir. Il aimait à se rappeler ce qui l'avait le plus frappé dans ses paroles ou ses actions. Le respect de sa mémoire avait pour lui quelque chose de religieux, et s'il n'eût craint d'agir avec une sorte de présomption, sans doute il l'eût invoquée. Dans les dernières années de sa vie, un portrait en miniature de cette pieuse mère étant venu en sa possession, il l'estima comme un trésor; il le prenait quelquefois pour le contempler à loisir, et ses yeux se remplissaient de larmes.

C'était à Saint-Ouen qu'il avait été préparé à sa première communion. Il avait suivi le catéchisme de

M. Leber, vénérable prêtre qui était son confesseur, et lui inspira une reconnaissance durable. Il ne paraît pas que l'air austère et les paroles un peu rudes de ce digne ecclésiastique aient jamais effrayé le jeune Join-Lambert : à la vérité, sous ces dehors sévères, M. Leber cachait un cœur d'une rare bonté; sans doute aussi les vertus de son pénitent frappèrent cet homme d'une si grande expérience dans la conduite des jeunes gens, et il donna tous ses soins à seconder en lui l'action de la grâce. Sa première communion faite, Hippolyte Join-Lambert ne se ralentit jamais. Exact à tous ses devoirs, il aimait surtout ceux que lui prescrivait la religion. Les offices divins qui avaient charmé sa première enfance eurent pour lui plus d'attraits à mesure qu'il avança en âge. Les élèves des pensions suivaient alors les offices des paroisses. Cette assistance était une des joies du jeune écolier. Il se plaisait aux chants de l'église, mêlant sa voix à celle du chœur et des fidèles : car un grand nombre chantaient encore à haute voix les parties de l'office qui appartiennent au chœur. Et ce n'était pas seulement au chant du *Kyrie*, du *Gloria in excelsis*, des psaumes qu'il prenait part, mais à celui des hymnes, des antiennes même et des répons, fidèle en cela à l'antique esprit de l'Eglise pour laquelle les différentes parties de l'office entraient dans ce grand devoir de religion qu'elle appelait le service divin, *servitium divinum*, auquel elle avait convié de tout temps les simples fidèles. Et ce qui est remarqué ici du jeune Hippolyte avait lieu pour tous les enfants des familles chrétiennes, conduits, comme on l'a vu, dès leurs premières années, à l'église par leurs parents, et accoutumés à assister avec eux aux saints offices. La diversité des chants et des cérémonies gravait dans leurs esprits les différents mystères de la religion, dont le souvenir se trouve attaché aux fêtes et aux temps de l'année ecclésiastique. Ce goût des chants de l'Eglise, Hippolyte Join-Lambert le garda tant qu'il vécut : un de ses amis assistant à l'office un jour de fête, dans la chapelle de Boisguillaume, deux mois avant sa mort, et lorsque sa poitrine était déjà si malade, put à peine retenir des larmes en l'entendant chanter l'office de tout son cœur, heureux de donner à Dieu ces restes d'une voix prête à s'éteindre.

Hippolyte demeura chez M. Mainot, depuis la rentrée des classes de l'année 1823, jusqu'aux vacances de l'année 1831. Son travail sérieux et soutenu lui mérita d'occuper habituellement les premiers rangs de sa classe. Toutefois ce ne fut que vers la fin de ses études qu'il se distingua tout à fait. En rhétorique, il eut un prix de mathématiques élémentaires : jusque-là il n'avait eu que des accessits. Mais en philosophie il obtint tout à la fois le premier prix de dissertation latine, le deuxième de dissertation française, le premier prix de mathématiques élémentaires, le premier accessit de physique, le premier prix d'excellence et le premier prix de semestre. Alors tous les yeux se tournèrent vers lui, tandis qu'auparavant il attirait peu les regards. Réservé, timide, de petite apparence, il était estimé comme un écolier honnête et laborieux, mais l'idée que l'on en avait n'allait guère plus loin. On vit désormais en lui un jeune homme aussi capable que distingué, à qui, s'il eût été moins modeste, on eût pu prédire une brillante destinée.

Il montrait dès lors une aptitude rare pour les mathématiques, et ce fut là sans doute ce qui détermina son père à le diriger vers la carrière des sciences. Du reste, ainsi qu'on le peut voir par ses succès, il n'était pas moins propre à celle des lettres. Doué d'un goût sûr et délicat, il se plaisait à la lecture des bons ouvrages de littérature, il en appréciait les beautés, et quoique les mathématiques eussent un charme qui captivait son esprit pénétrant autant qu'exact et solide, il ne voua point aux sciences ce culte exclusif qui nuit trop souvent à la générosité du sentiment et à l'élévation des pensées. Mais il y avait une chose qui occupait plus son âme que les sciences et la littérature, c'était Dieu et la vertu. Pendant le temps qu'il passa chez M. Mainot, il ne dévia point du sentier étroit qu'il avait commencé de suivre dès sa première enfance. Jamais ni punition, ni réprimande même la plus légère : telle fut toujours la régularité de sa conduite. Modeste et recueilli dans les prières qui se faisaient à la maison, on a vu ce qu'il était aux offices de l'église. Il n'omettait ni de se confesser ni de communier aux bonnes fêtes; et quelle que soit la pente des écoliers à censurer ceux de leurs condisciples qui se distinguent par leur piété, personne ne trouvait à redire à la sienne.

Dans cette institution, quoique tenue avec grand soin, il devait se trouver, comme dans toutes les réunions de jeunes gens, des écoliers qui, non contents d'être vicieux eux-mêmes, cherchaient à se faire des complices ou des imitateurs. On n'a jamais entendu rien dire à M. Join-Lambert qui indiquât qu'il eût eu à se défendre de ce danger, et l'on doit croire que sa vertu inspirait, dès lors, le respect et comme une sorte de crainte aux écoliers de ce caractère. Une fois pourtant sa conduite fut soupçonnée, ce qui lui parut une rude épreuve; car bien des années après il s'en souvenait encore. Un maître subalterne avait été admis dans la pension, qui cachait sous les dehors de la religion un cœur gâté et des pratiques abominables. Le directeur de la maison ayant bientôt été instruit des menées de cet infâme hypocrite, le chassa honteusement. Mais se rappelant qu'il avait vu le jeune Join-Lambert causer assez souvent avec ce misérable pendant les récréations, il conçut la crainte qu'il n'eût reçu quelque dommage de ces rapports. Ceux-là seuls qui ont eu la charge d'une maison d'éducation savent de quelles angoisses l'esprit est assiégé dans ces moments de doute et d'inquiétude. M. Mainot mande Hippolyte Join-Lambert, et, avec toute la prudence possible, il cherche à tirer de lui la vérité qu'il craint de découvrir. Hippolyte se sent blessé jusqu'au fond de l'âme, lorsqu'il comprend de quels soupçons il est l'objet, et qu'il entend son maître lui demander s'il peut laisser son jeune frère habiter avec lui dans une même chambre. Car le frère aîné ayant quitté la pension, où le plus jeune, nommé Edmond, l'avait remplacé, les deux frères occupaient une chambre particulière, selon le désir de leur père. A ces insinuations, le cœur du vertueux jeune homme se souleva, et il résolut de demander à changer de pension. Mais il suffit au maître d'avoir exprimé ses soupçons pour les sentir se dissiper, et jamais plus il ne douta de son élève.

Devenu homme, M. Join-Lambert conserva toujours pour M. Mainot des sentiments de reconnaissance : il le visitait de temps en temps, et dans les occasions il lui donna des marques non équivoques de respect et d'affection. Mais il se souvenait surtout des soins que lui avait prodigués Mme Mainot dans une grande maladie qu'il fit au printemps 1831 étant alors dans sa première année de mathématiques. Cette maladie était une fièvre du caractère le plus grave, laquelle le tint pendant plusieurs semaines entre la vie et la mort. Son corps se couvrit de plaies et il fut réduit au dernier degré de faiblesse et de maigreur. On se figure aisément de quels soins il avait besoin, mais telle était sa modestie qu'il ne voulait laisser approcher de sa personne aucune garde ni servante. Mme Mainot le soigna seule pendant cette longue maladie, avec toute l'affection et toute la délicatesse d'une mère. Il reçut la sainte communion en viatique, le jour de l'Ascension : néanmoins il ne parut pas que le pieux écolier eût la moindre appréhension de la mort; et peut-être le calme de son esprit durant toute cette maladie contribua-t-il à l'en guérir. Il guérit en effet et se trouva vers la fin de mai en état d'être transporté chez son père. Son nom n'est point cité dans le palmarès de cette année-là : toutefois ce ne fut pas la maladie qui le priva de cet honneur, mais une mesure prise par l'autorité universitaire, mettant hors de concours les élèves des sciences qui n'avaient pas suivi le cours de physique. Or, la physique n'étant pas demandée alors pour l'examen de l'école polytechnique, Hippolyte Join-Lambert n'avait pas cru devoir s'en occuper. L'année suivante il remporta le premier prix de physique-mathématique, et le premier prix de mathématiques spéciales. Il avait passé cette dernière année en pension chez M. Braive, professeur de physique au collège royal, suivant les cours et prenant en même temps des leçons particulières de mathématiques avec M. Dainez, qui passait pour un très habile maître en cette partie. Mais le maître avait affaire à un disciple capable de lui faire honneur, car Hippolyte Join-Lambert fut reçu le neuvième, cette année-là, à l'école polytechnique, où il entra le 9 novembre 1832.

On serait porté à croire, en considérant ce qui a été dit de son aptitude pour les sciences, pour les mathématiques en particulier, que son admission à cette célèbre école avait comblé les désirs de son cœur. Mais ce qui est le but de l'ambition de tant de jeunes gens et de tant de familles n'avait eu pour lui rien d'attrayant; ses vœux étaient ailleurs: il y avait longtemps qu'ils se portaient vers le sanctuaire, et dans son année de philosophie, peut-être même dès le temps qu'il était en rhétorique, il avait parlé à son père de ce qu'il regardait comme un appel d'en haut. Une telle déclaration n'était pas pour surprendre M. Join-Lambert qui connaissait les goûts de son fils; aussi ne s'était-il pas formellement opposé à ce dessein. Seulement il exigea comme précaution de prudence, qu'Hippolyte terminât ses études, qu'il se fît recevoir à l'école polytechnique, et qu'il passât ensuite quelque temps au milieu du monde pour y éprouver sa vocation. Ce fut donc par obéissance qu'Hippolyte Join-Lambert entra à l'école polytechnique, devenue pour lui le vestibule du Séminaire.

La Révolution de 1830, accomplie il y avait alors seulement deux ans, avait donné une grande importance aux élèves de cette école, à qui était revenu en partie le succès de la rébellion. La chapelle avait été fermée, l'aumônier congédié, et la discipline était devenue beaucoup plus large. La liberté de penser, de parler et de vivre en dehors de toutes les règles de la foi et de la morale était aussi absolue que possible; nombre d'élèves en usaient à leur gré. Mais telle était la vertu d'Hippolyte Join-Lambert, et telle, sous la timidité de son caractère, la fermeté de son âme, qu'il ne craignit pas beaucoup de se trouver au milieu de cette société. Ce sera un de ses camarades, son parent et son ami, qui racontera les détails de sa vie pendant son séjour à l'école. Outre la connaissance qui existe naturellement, dès les premières années, entre deux cousins de même âge, les deux jeunes gens avaient commencé à se lier pendant leur année de mathématiques spéciales.

« A l'école polytechnique, dit M. Legentil, notre liaison devint plus intime. J'étais son camarade de salle, son compagnon d'étude, en terme d'école, son *binôme*. Grâce à ses conseils et à ses bons exemples, j'ai pu conserver mes principes religieux pendant les deux années d'école. Je remercierai toujours Dieu de m'avoir donné, comme au jeune Tobie, ce bon ange pour me diriger à cette époque si périlleuse de ma vie.

« Les jours de congé, nous nous promenions souvent ensemble. Ce fut dans une de ces promenades qu'il me fit part pour la première fois de sa vocation à l'état ecclésiastique. »

En arrivant à Paris, Hippolyte Join-Lambert avait choisi pour directeur M. Olivier, alors curé de Saint-Etienne-du-Mont, à qui il avait été adressé par M. Néel, avocat de Rouen, qui lui-même, pendant ses études de droit, eut beaucoup à se louer de la direction de cet ecclésiastique. M. Olivier, en effet, possédait tous les dons utiles pour attirer les jeunes gens et les retenir : beaucoup d'esprit, de la gaîté, de l'entrain, et avec cela de l'instruction, une parole nette, facile, piquante. Aussi les étudiants s'attachaient-ils beaucoup à lui. Il en dirigeait plusieurs, principalement des étudiants en droit ; sa maison leur était ouverte, et le dimanche, la réunion était nombreuse. Il jouait avec eux au billard, mais surtout il les intéressait par ses récits. Plusieurs se souviennent encore aujourd'hui de ces soirées, et ils rendent ce témoignage à la mémoire de M. Olivier, qu'ils lui dûrent alors d'être préservés des mauvaises compagnies et de demeurer fidèles à la pratique de la religion. M. Join-Lambert en particulier lui garda toujours une sincère reconnaissance. Il parlait toujours de lui en termes qui montraient une respectueuse affection, et il conserva ces sentiments au milieu de tout le bruit qui se fit contre son ancien directeur, quand celui-ci fut devenu évêque d'Evreux : jamais il ne voulut entrer dans ce qui se disait à son désavantage. Et quand le prélat vint à Rouen, pour le Concile qui se tint dans cette métropole en 1850, ceux qui furent témoins de la visite que l'abbé Join-Lambert lui rendit au Séminaire, purent juger de l'estime et de la tendre affection de l'évêque pour son ancien pénitent, ainsi que de la gratitude de celui-ci pour le directeur de ses jeunes années.

« Les grandes fêtes de l'Eglise, continue M. Legentil, étaient tout à la fois pour nous des jours de fatigue et de joie. Dès huit heures du matin, nous nous empressions d'aller à Saint-Roch, où M. Olivier avait été nommé curé, peu de temps après notre arrivée à Paris. Nous y passions une grande partie de la journée pour remplir nos devoirs religieux, assistant à la grand'messe, au sermon et à vêpres. » M. Olivier n'était pas fâché de montrer à ses paroissiens de pieux chrétiens sous l'uniforme de l'école polytechnique : aussi lui arrivait-il quelquefois de les conduire à son confessionnal un jour de fête, traversant avec eux la foule réunie dans le haut de l'église pour assister aux messes du matin.

« Join-Lambert a été, à l'école polytechnique, sergent, chef des salles 34 et 17. Dans la première de ces salles, ses camarades s'amusaient à le contrecarrer. Il s'accoutuma à souffrir patiemment ces contradictions, lesquelles, ainsi qu'il le reconnaissait plus tard, contribuèrent beaucoup à lui former le caractère.

« Dans la salle 17, certains élèves tenaient fréquemment des propos contre la morale et la religion.

Mais on se taisait en présence du *petit sergent*, dont on respectait la vertu et les sentiments religieux. »

Du reste, et c'est le témoignage qu'apporte un autre de ses condisciples, chrétien sincère, il était estimé et aimé de tous, mais il ne se faisait point remarquer, sinon peut-être par l'égalité de son caractère.

Le même hommage lui a été rendu, également depuis sa mort, par un autre ingénieur qui l'avait connu dès le collége et le suivit à l'école. « Join-Lambert, dit-il, fut pendant deux ans à l'école polytechnique l'exemple et l'ami de tous ses camarades qui respectaient en lui les convictions religieuses les plus sincères, accompagnées de l'esprit de tolérance auquel sont dues en grande partie les bonnes relations et l'intimité existant entre tous les élèves de cette école. »

A sa sortie de l'école, il fut classé parmi les premiers, comme il l'avait été à son entrée, et il obtint, sur sa demande, d'entrer dans le corps des ingénieurs des ponts-et-chaussées. On sait que ce droit de choisir sa carrière est le privilége de ceux qui ont eu les meilleures notes, et passé les meilleurs examens. Il dut alors séjourner à Paris pour y suivre les cours de l'école d'application, libre du reste de loger où il voudrait, et de vivre comme il lui plairait. On peut deviner qu'il n'usa de cette liberté que pour s'exercer davantage dans la pratique de la piété chrétienne. Il demeura d'abord à l'hôtel Corneille, dans la rue de ce nom, près du Luxembourg ; mais il le quitta bientôt pour aller occuper un petit logement rue de Lille, dans une maison particulière, ce qui convenait mieux à ses goûts que le mouvement d'un hôtel garni. Il vivait là retiré, s'appliquant aux travaux de son état comme s'il n'eût eu autre chose en vue, et donnant presque tout le reste de son temps aux bonnes œuvres. « Ses livres de prédilection, dit M. Legentil, étaient l'Imitation de Jésus-Christ en latin, qu'il portait sur lui, et l'Introduction à la vie dévote de Saint-François de Sales, dont il me lisait volontiers les passages les plus intéressants. » C'était précisément le même ami qui avait fait connaître à M. Join-Lambert ce dernier ouvrage. Il le lui avait apporté dans le temps qu'il demeurait à l'hôtel Corneille, et M. Join-Lambert n'en eut pas plus tôt lu quelques pages, qu'il en fut ravi. Il était exact à rendre visite aux personnes et amis de sa famille qui habitaient Paris; mais ses amitiés et ses fréquentations étaient surtout avec des jeunes gens, chez lesquels il trouvait la crainte de Dieu et l'amour de la vertu. De ce nombre était le parent dont il a été parlé, et le comte de Caulaincourt, tous deux ses camarades à l'école, et devenus, le premier, comme lui élève des ponts-et-chaussées, et le second, élève de l'école d'état-major. L'un et l'autre sont encore aujourd'hui pleins de reconnaissance du bon office qu'il leur rendit en leur faisant connaître la conférence de Saint-Vincent-de-Paul, et en les y faisant admettre.

C'étaient alors les commencements de cette société, qui se bornait encore à l'unique conférence tenue à l'Estrapade, dans la maison de M. Bailly. Si M. Join-Lambert n'a pas été au nombre des fondateurs, du moins entra-t-il dans la conférence dès qu'il la connut, et en fut-il l'un des premiers membres. Il s'intéressait à tout ce qui s'y faisait pour le bien des pauvres et l'honneur de la religion, puis, dans ses lettres à ses amis, il tâchait d'exciter leur zèle pour ces deux grands objets. En 1836 il suivit, avec d'autres membres de la conférence, les processions extérieures du Saint-Sacrement dans quelques paroisses des environs de Paris. Il en parle dans une lettre du 17 juillet à M. Legentil alors absent, et il ajoute : « C'est mardi notre fête patronale, celle de Saint-Vincent-de-Paul, 19 juillet. Nous irons encore à l'office aux Lazaristes et le soir nous nous réunirons en séance générale. Je ne crois pas qu'elle puisse offrir autant d'intérêt que la dernière, mais une bonne œuvre est toujours intéressante. » Lorsque les circonstances l'eurent éloigné de ses chers confrères, son cœur demeura avec eux. Il prenait part au progrès de la société, animait par lettres en sa faveur le zèle de ses amis, et, devenu prêtre, il assista tant qu'il put aux réunions de la conférence qui s'était formée dans la ville de Rouen; ce ne fut que pour obéir au devoir de son ministère qu'il cessa peu à peu de s'y rendre. Dans une lettre écrite de Rouen à l'un de ses anciens camarades : « Je t'engage toujours, écrivait-il, à aller à la conférence et à y travailler beaucoup: pour moi je n'y vais presque plus, car les réunions se tiennent à l'heure du confessionnal; et je ne suis pas assez utile à la conférence pour y donner un temps que je puis employer plus utilement ailleurs. Mais je l'aime toujours beaucoup, et je ferai pour elle des prières et au besoin des sacrifices. »

Il avoua un jour à un ami qu'une chose lui semblait peu convenable dans ces réunions; c'était que lui, prêtre, ou tout autre revêtu de cette dignité, assistant à la conférence, néanmoins la prière du commencement et de la fin était faite par un membre laïque, et cela, comme il paraissait, de dessein formé et comme par principe. Cette pratique lui semblait manquer en quelque chose au respect dû au caractère sacerdotal. Mais il n'en laissa jamais rien percer à ses confrères.

Comme il se pratique pour les élèves de l'école d'application des ponts-et-chaussées, M. Join-Lambert fut envoyé en mission dans l'été de 1835. Les Côtes-du-

Nord lui ayant été assignées, il fut attaché en qualité d'élève ingénieur au service général de ce département. Il résida successivement à Saint-Brieuc et à Guingamp où il fit la connaissance de plusieurs jeunes gens chrétiens qu'il retrouva ensuite à Paris dans la société de Saint-Vincent-de-Paul.

Il revint de sa mission enchanté de ce qu'il avait vu, des pardons de la Basse-Bretagne, de la foi des populations. Combien il avait été touché de voir toute une foule, un jour de marché, tombant à genoux sur la place, au son de l'*Angelus* !

II

ENTRÉE DE M. JOIN-LAMBERT AU SÉMINAIRE SAINT-SULPICE

M. Join-Lambert avait fait ce que son père désirait de lui, il l'avait fait de manière à le satisfaire et même à l'honorer : ne pouvait-il pas croire l'épreuve terminée ? Il avait alors vingt-trois ans : n'était-il pas temps de prendre un parti définitif ? Il semble qu'entre un fils si vertueux, si soumis, si respectueux et un père si digne, si juste, d'une si grande délicatesse, les communications devaient être faciles, et l'intimité la plus douce du monde. Il n'en allait pas ainsi, et la crainte de son père était si forte en M. Join-Lambert qu'il ne put jamais dominer ce sentiment.

Il n'était pas possible qu'un homme de principes aussi fermes, d'un jugement aussi sain que M. Join-Lambert le père, n'appréciât pas la vertu d'Hippolyte; il est certain d'ailleurs qu'il avait pour lui une haute estime, et une singulière affection. Mais il regretta longtemps que ce fils eût abandonné la carrière qu'il eût tant désiré lui voir suivre, et celui-ci put croire qu'il n'avait pas un accès facile à son cœur. Peut-être un caractère ouvert et hardi aurait mieux réussi auprès de ce père, tandis qu'au contraire, Hippolyte était timide, et n'osait avancer. Il y a lieu de penser que M. Join-Lambert n'avait jamais pu surmonter la douleur que lui avait causée la mort de sa femme, et aussi celle de sa seconde fille, enlevée peu d'années avant sa mère; et c'est sans doute à ce chagrin qu'il renferma en lui-même, que l'on doit attribuer la contrainte qui régna toujours depuis entre lui et ses enfants; car Hippolyte ne fut pas le seul à s'en ressentir, quoiqu'il en souffrît plus que personne. Ainsi, M. Join-Lambert visitait rarement ses enfants pendant qu'ils étaient en pension : il semblait que leur vue lui rappelât des souvenirs trop pénibles. Mme Turgis et son mari, qui avaient les leurs dans les mêmes maisons, le remplaçaient d'ordinaire. Quoi qu'il en soit des causes de cette disposition, le pauvre Hippolyte, qui aurait eu si grand besoin de s'épancher, ne put jamais s'ouvrir avec son père, et ce lui fut jusqu'à la fin la plus pénible des épreuves.

Il avait gardé longtemps pour lui seul son désir d'être prêtre. Néanmoins pendant son séjour à l'école polytechnique, il s'en était ouvert à son cousin ainsi qu'on l'a vu, dans une des promenades qu'ils faisaient ensemble aux jours de sortie. A l'école d'application, il avait fait la même confidence à un autre ami, M. de Caulaincourt. Mais comment renouer le fil de cette affaire à Elbeuf? Car il n'en avait pas été question avec son père depuis que celui-ci avait imposé les conditions que l'on a vues. Ce fut M. Olivier qui se chargea de rompre la glace. Homme d'esprit et habile comme il était, il écrivit à M. Join-Lambert, et sans doute l'intervention du curé de Saint-Roch, qui était alors dans tout l'éclat de sa renommée, aida au succès de la négociation. Il s'en fallait d'ailleurs que M. Join-Lambert fût opposé par système à la vocation de son fils. C'était un homme grave et religieux qui eût été flatté sans doute de voir celui-ci s'élever par son mérite à un poste éminent selon le monde, mais qui en même temps était capable de sentir tout ce qu'il y avait de grand et de noble dans le renoncement aux avantages du siècle. Il donna donc son consentement, et permit à son fils d'envoyer sa démission, lui demandant néanmoins de n'entrer au séminaire qu'après une autre année passée dans le monde. Cette mesure n'était qu'un stratagème de la prudence paternelle : car tandis que le jeune ingénieur envoyait sa démission, son père faisait prier, par un sien parent, le directeur général des ponts-et-chaussées, de vouloir bien attendre une année avant de regarder cette démission comme définitive. Celui-ci y consentit volontiers : « M.r Join-Lambert est ce que nous avons de mieux parmi les élèves ingénieurs », répondit-il, et la démission dormit paisiblement dans les cartons, sans qu'Hippolyte s'en doutât, jusqu'après son entrée au séminaire.

L'année se passa tout entière en exercices de piété, lectures et études propres à le diriger vers la carrière qu'il avait constamment en vue. Il logea durant ce temps rue de Vaugirard, dans une pension bourgeoise honnêtement composée, où plusieurs ecclésiastiques prenaient leurs repas : c'était une sorte d'acheminement au séminaire. Les bonnes œuvres de la conférence, et les pieux amis avec lesquels il était associé, lui aidaient à attendre son entière délivrance. Une lettre écrite à l'ingénieur, son parent et son intime ami, montre quelle estime il faisait de celui-ci, mais elle témoigne en même temps quelle haute idée il avait de la vocation au sacerdoce. Cette lettre porte la date du 21 septembre 1836 ; son épreuve touchait au terme : « Tu es bien heureux, lui écrivait-il, d'avoir encore un hiver à passer à Paris avec la conférence. Tu vas avoir l'avantage de revoir souvent nos bons et saints amis, de participer à leurs belles œuvres et de gagner avec eux quantité de mérites. Tu pourras encore aller soulager les pauvres, consoler les affligés, instruire les ignorants ; et tout cela, pour ainsi dire, en t'amusant, en te promenant, en causant gaîment avec d'excellents jeunes gens, je pourrais presque dire avec des saints. Car il y en a quelques-uns que je crois des saints....

« Dans trois semaines, je serai au séminaire : c'est une affaire tout à fait décidée ; je n'ai pas besoin de te dire combien j'en suis content, quoique cependant j'aie quelque peu de peine à quitter mes anciennes habitudes. Tu sais que je suis assez routinier et en même temps assez paresseux, de sorte que je crains un peu la peine qu'il faudra prendre pour changer mon genre de vie. C'est un petit sacrifice que j'offre au bon Dieu, mais que de grâces il me fait en compensation ! Plus je vais, plus je vois que c'est une faveur immense d'être choisi par lui pour être prêtre, et cependant que j'ai peu fait pour la mériter ! »

M. Join-Lambert entra au séminaire de Saint-Sulpice vers le 10 octobre 1836, pour commencer son cours de théologie. Il prit dès en entrant l'esprit de cette maison, se conforma à ses usages, et en suivit la règle avec une telle exactitude, qu'il aurait pu être proposé aux autres séminaristes comme un modèle accompli. Et il fut le même tant qu'il y demeura : toujours égal, toujours modeste, toujours prévenant et agréable pour ses confrères. Accoutumé dès l'enfance à l'amour des offices, il n'eut pas de mal à se former à cette partie de l'éducation cléricale. Il apprit avec grand soin le chant et les cérémonies, au point de devenir maître en cette partie si importante de la religion. Et tout cela était animé des pieux sentiments qui font du culte extérieur cette adoration « en esprit et en vérité » que demande Notre-Seigneur Jésus-Christ à ses disciples.

Ecrivant à son ami le 31 juillet 1837 : « Il y a encore un plaisir, lui dit-il agréablement, dont tu as été privé :

celui de me voir jeter des fleurs dans les deux processions du Saint-Sacrement. Qui aurait dit il y a trois ans, quand j'étais à l'école polytechnique, qu'un jour viendrait où revêtu d'une aube avec une ceinture bleue, tenant une corbeille de velours rouge, je jetterais des fleurs, comme font chez nous les enfants? Qu'auraient pensé nos anciens camarades s'ils m'eussent vu ainsi? Eh bien, j'en étais fier, je n'aurais pas changé pour quoi que ce soit, et j'aurais voulu que tout Elbeuf, toute l'école polytechnique, tout le corps des ponts-et-chaussées me vissent. »

Il n'est pas nécessaire de dire que le nouveau séminariste ne s'adonna pas avec moins de zèle à l'étude qu'à la piété. C'était son caractère de faire bien tout ce qu'il faisait. Il avait dans l'esprit une certaine exactitude mathématique qui ne pouvait se contenter de l'à peu près, mais qui en toutes choses cherchait la perfection: disons plutôt qu'il possédait au plus haut degré le sentiment du devoir; ou pour parler plus juste encore, et dire la vérité telle qu'elle est, il aimait Dieu de toute son âme, de toutes ses forces, et n'avait de contentement qu'à plaire en toutes choses à sa divine Majesté. Quand on se rappelle sa vie, ne le retrouve-t-on pas là tout entier?

Son esprit si logique s'accommoda parfaitement de la méthode suivie dans l'enseignement de la théologie. Comme d'ailleurs il joignait à une rare pénétration, et à une excellente mémoire, une application constante, il profita singulièrement des leçons de ses maîtres. Ceux-ci virent bientôt à quel sujet ils avaient affaire, et l'estimèrent à l'égal de leurs meilleurs élèves. Un prêtre du diocèse de Rouen étant allé passer quelques jours de retraite à Saint-Sulpice, un des directeurs qui avait vu ce prêtre se promener pendant la récréation avec M. Join-

Lambert, et un autre séminariste, M. l'abbé Delahaye, depuis vicaire général de Rouen, lui demanda ce qu'il pensait de ces deux Messieurs. L'ecclésiastique répondit en faisant l'éloge du second, qui possédait en effet de quoi attirer l'attention par un extérieur avantageux et une parole facile, ayant d'ailleurs de la capacité et de la vertu. « Tâchez de revoir le petit, lui dit le directeur, et faites-le causer. Je serais surpris s'il ne vous semblait pas supérieur à l'autre », et il ajouta ce qu'avait dit le directeur des ponts-et-chaussées : « Nous n'avons rien de mieux ici. » Il fallait en effet que M. Join-Lambert fût encouragé, autrement sa modestie et sa sage réserve ne lui permettaient pas de montrer ce qu'il valait.

Dès la première année, on l'employa aux catéchismes de la paroisse, et il resta jusqu'à son ordination catéchiste de la *persévérance des filles*. Plusieurs de celles qui y reçurent ses leçons ont conservé son souvenir avec respect, et l'une d'elles devenue mère de famille, et qui ne l'avait jamais revu depuis, parlait encore, il y a peu de temps, de son pieux catéchiste comme d'un saint, admirant surtout sa modestie. M. Join-Lambert s'acquitta en effet toujours de ce ministère avec grand zèle ; mais son bon sens et son humilité le préservèrent de l'empressement puéril et de l'importance ridicule que plusieurs de ses confrères mêlaient à ces fonctions.

Il ne montra pas moins de sagesse dans la conduite qu'il tint envers certains condisciples qui, dans le dessein, fort louable assurément, de pratiquer la vertu d'une manière plus parfaite, avaient formé dans le séminaire une sorte de société, moitié occulte, moitié avouée, à laquelle ils tâchaient d'attirer ceux en qui ils croyaient remarquer plus de dispositions à la piété. On comprend qu'ils cherchâssent à avoir avec eux M. Join-

Lambert, qui était certainement au nombre des plus réguliers et des plus édifiants du séminaire. Mais celui-ci voyant que ces *mystiques*, comme on finit par les appeler, parlaient un langage affecté, introduisaient des pratiques particulières, et faisaient réellement bande à part, toutes choses qui lui paraissaient aussi contraires à l'esprit de la maison, que peu conformes à la simplicité et à la charité chrétiennes, il ne crut point devoir répondre à leurs avances. Aussi passa-t-il dans leur estime pour un homme peu spirituel. Mais il eut lieu bientôt de s'applaudir de sa prudence, les supérieurs ayant témoigné leur mécontentement de ces particularités, et dissipé ces coteries.

Les lettres de l'abbé Join-Lambert à ses amis demeurés dans le monde, témoignent, en plus d'un endroit, l'estime qu'il faisait du séminaire, et sa reconnaissance envers Dieu pour la grâce qu'il lui avait faite en l'y appelant. Il goûtait en effet beaucoup le calme et la paix de ce séjour; il aimait la société des directeurs de la maison, et celle des séminaristes: « Je me trouve si bien ici, mandait-il à un ami, au moment de commencer sa troisième année, je me trouve si bien ici que je me déciderais volontiers à y rester toute ma vie, s'il y avait moyen. » Et quelque temps après qu'il eut quitté le séminaire, il écrivait à un autre de ses anciens camarades, à qui il venait de parler de son ordination et de sa première messe: « Les deux plus beaux jours de ma vie sont passés, je pourrais dire aussi les quatre plus heureuses années; car je suis sorti maintenant du séminaire pour n'y plus retourner. Maintenant je commence à en comprendre la privation. Je veux bien que dans cette maison la vie soit un peu pénible et fatigante, à cause du travail, du manque d'exercice, et le reste; je veux bien aussi que la règle puisse paraître gênante. Mais qu'est-ce que tout cela auprès de la tranquillité dont on jouit ? peu de souci, point d'inquiétudes, point de préoccupations : toujours joyeux, toujours content, on n'a rien à désirer. Ce que je regrette surtout, c'est la société des directeurs de la maison et celle des bons confrères que j'y avais. Si tu savais combien il y a là de belles âmes, quels beaux sentiments, quelles vertus ! »

Cette douce solitude de Saint-Sulpice ne le rendait pas néanmoins indifférent aux choses du dehors. Il entretenait commerce de lettres avec quelques amis fidèles, et en particulier les deux dont nous avons parlé plus haut. Il recevait leurs visites au séminaire pendant qu'ils séjournaient à Paris ; conversations et lettres étaient toujours édifiantes, jamais il ne leur écrivait sans leur donner quelques mots d'avis ou d'encouragement sur divers points de la piété chrétienne : l'utilité de méditer quelque peu chaque jour, et de ne pas mettre de bornes à son avancement dans la vertu ; la fuite du monde, et les règles pour le fréquenter sans danger, quand on y est obligé ; l'horreur de la médisance, et autres semblables. Ces vertueux amis aimaient à être prêchés par lui. « Tu veux que je te prêche » : tel était l'exorde de plusieurs de ses lettres. Chose bien touchante que cette humble docilité en ces jeunes ingénieurs et militaires, et preuve frappante de l'esprit chrétien qui les animait.

D'autres amis de M. Join-Lambert l'occupaient différemment. L'un d'eux, désigné par X... dans les lettres, venait le voir de temps en temps à Saint-Sulpice, et d'ordinaire il recevait quelques bons avis ; mais il n'était pas ce qu'aurait voulu son pieux camarade : « J'ai reçu, il y a quelque temps, la visite de X..., écrit l'abbé Join-Lambert à son parent l'ingénieur ; il est parti toujours le même, c'est-à-dire toujours bon garçon, mais je crois toujours un peu indifférent sur l'affaire qui devrait seule nous toucher. »

Un de ces jeunes gens remplit plus que d'autres les pensées de M. Join-Lambert, qui eut bien lieu de se réjouir à son sujet. Celui-là aussi était un élève de l'école polytechnique, entré comme lui dans les ponts-et-chaussées, et par conséquent son camarade à l'école d'application. Dans les lettres de M. Join-Lambert il paraît sous l'initiale *D...* Il était comme tant d'autres éloigné de la pratique de la religion ; mais la grâce le poursuivait, et, dès l'été de 1836, il avait donné des espérances à son ami : il avait fait même une démarche qui semblait annoncer un retour définitif. M. Join-Lambert s'était hâté d'annoncer ce bon commencement à son parent l'ingénieur ; mais il n'avait pas encore l'esprit tout à fait tranquille, et il désirait voir autre chose... « Il faut prier pour lui », écrivait-il. « Je lui ai écrit dernièrement une lettre aussi affectueuse que possible, où j'ai tâché de lui faire comprendre le plaisir que j'aurais à savoir qu'il persévère. Peut-être Dieu permettra-t-il que cette lettre lui fasse du bien : car Dieu se sert des plus indignes moyens. Je ne crois pas t'avoir dit que cette conversion a vivement frappé X... Comme ils sont très liés, et que X... se laisse facilement conduire par l'exemple et l'influence morale, j'espère que *D...* en fera quelque chose. Après cela, je ne sais comment quelques autres feront pour résister, tels que *S...* (et plusieurs autres initiales).

La lettre suivante fait voir que M. Join-Lambert avait eu raison de ne pas se fier à ces commencements ; mais elle montre en même temps que la grâce eut enfin la victoire. Cette lettre est adressée à ce même parent, le grand confident de M. Join-Lambert dans ses désirs de ramener à Dieu ses anciens condisciples; elle est écrite le 31 juillet 1837; M. Join-Lambert venait de finir sa première année de séminaire.

« Je ne me souviens plus si c'est avant ou après ton passage à Paris, que j'ai reçu la visite de *X*... Il m'a appris que *D*... avait quitté Paris la veille, et qu'il m'apportait ses regrets de ne m'avoir pas fait ses adieux. Il ne m'a pas été difficile de deviner la cause de ce départ si brusque par rapport à moi : j'ai conclu qu'il craignait une explication, et il avait raison de la craindre, car j'étais disposé à la lui demander. Je croyais nos rapports entièrement cessés, tellement que, recevant il y a quinze jours une lettre timbrée de ....., et ne me rappelant plus que *D*... avait été envoyé dans cette ville, je ne pouvais deviner de qui elle était. Lorsque je l'eus ouverte et que je reconnus à la signature qu'elle était de lui, je fus extrêmement surpris qu'après les froideurs et les réserves de l'hiver dernier il pensât à m'écrire : mais bientôt je vis que ce que nous désirions tant était enfin arrivé. Il me dit en quelques mots, car sa lettre est assez courte, qu'il me demande pardon de son départ précipité ; que le bon Dieu l'a toujours poursuivi malgré ses résistances ; que peu de jours après son arrivée à ....., il a eu un alignement à donner à un couvent, ce qui l'a mis en relation avec le secrétaire de l'évêché; que, bref, il a commencé sa confession le jour même où il m'écrit. Il me demandait une réponse, et tu penses bien que je ne la lui ai pas fait attendre. Il me disait aussi que de là à quelques jours il espérait recevoir la sainte communion. Sa lettre est très touchante et pleine d'intérêt... Je crois et j'espère que c'est maintenant une affaire sur laquelle il ne reviendra plus... Il faut que tu pries maintenant pour qu'il persévère ; et en même temps nous pouvons et nous devons prier pour nos autres camarades ; car après tout il ne faut pas croire qu'ils soient plus éloignés que ne l'était celui-ci il y a trois ans ; et nous ne devons pas douter que c'est presque toujours aux prières des chrétiens pieux que Dieu accorde la conversion des pécheurs. »

On a remarqué bien des fois les industries de la grâce divine, qui s'accommode au caractère et aux circonstances des pécheurs pour les gagner : n'en est-ce pas un nouvel exemple que cet ingénieur des ponts-et-chaussées converti à l'occasion d'un alignement ? Mais la bonté de Dieu n'avait pas fini avec lui. L'abbé Join-Lambert écrivait de nouveau à son parent le 28 septembre de cette même année :

« Depuis ma dernière lettre, il s'est passé bien du nouveau pour *D*..., car il y a un mois que j'ai reçu une lettre de lui, par laquelle il m'annonçait qu'il était décidé à entrer au séminaire à la fin des vacances, et que dans ce moment il hésitait entre le séminaire de Saint-Sulpice et celui de Lyon... Je désire beaucoup pour lui et pour moi qu'il se décide pour Saint-Sulpice. Je dis pour lui, parce que je ne crois pas qu'il soit possible de trouver quelque chose de mieux que Saint-Sulpice, pour la piété, pour la simplicité, pour la bonté des supérieurs et le choix des élèves. Peut-être aimerais-tu mieux qu'il choisît Lyon, à cause de la proximité de Belley, mais je pense que tu dois faire le sacrifice de ce petit plaisir pour l'intérêt de notre cher ami et de l'Eglise. »

« Dieu a fait à *D*... deux grandes grâces, celle d'une conversion complète et celle de la vocation à l'état ecclésiastique. Ainsi quand il veut, il prend les siens parmi ceux que le monde croyait les plus éloignés de la foi. En qualité d'ami il te tombe à charge de remercier le bon Dieu de ce bienfait. »

Le 6 octobre suivant, M. Join-Lambert écrivait au

même: « J'ai reçu lundi un petit mot de *D*..., qui décidément entre à Saint-Sulpice mercredi... Ainsi nous allons nous trouver réunis, et nous pourrons prier ensemble pour la conversion de nos anciens confrères de l'école, et pour la persévérance du petit nombre de ceux qui se conservent dans la piété. » M. *D*... entra en effet au séminaire de Saint-Sulpice, ainsi qu'il y était résolu, et il y édifia tout le monde par sa ferveur. Devenu prêtre, il a continué de mener une vie digne des grâces qu'il avait reçues.

Le temps du séminaire avait été mis à profit par M. Join-Lambert, et cependant ce n'était pas sans crainte qu'il en voyait approcher la fin. « Quand je le revis à Saint-Sulpice, dit un de ses anciens camarades de l'école, dont le témoignage à été déjà cité, je le trouvai assez faible de santé, mais toujours égal de caractère, très heureux du calme dont il jouissait, mais effrayé de la responsabilité du ministère pastoral, ce qui lui faisait redouter sa sortie du séminaire. » Ce sentiment se trouve exprimé en plusieurs endroits des lettres de M. Join-Lambert :

« Voilà que je commence ma troisième année de séminaire, écrivait-il le 21 octobre 1838, au même ami, je crains bien que ce ne soit la dernière, et que je ne sois ordonné à Noël de l'année prochaine. Si je puis, j'attendrai l'année suivante. Mais il faudra bien enfin aller dans le ministère extérieur, et ce n'est pas là toujours que l'on trouve des joies et des consolations, mais au contraire des tribulations et des croix. Car quelle peine pour un prêtre de voir tant de pauvres âmes qui se rendent sourdes à ses exhortations! Les unes ne veulent avoir aucun rapport avec lui, les autres veulent bien encore le voir, mais non pour se convertir; d'autres se traînent avec tant de nonchalance dans le service de Dieu, que c'est à faire verser des larmes. Dieu, j'espère, me donnera des forces pour supporter tout cela... » Le pieux séminariste avait déjà dans le cœur ce zèle de Dieu et du salut des âmes qui fait les saints prêtres, et en même temps, à l'exemple des saints, redoutant l'honneur et le fardeau du sacerdoce, il cherchait à éloigner le moment de son ordination. Il obtint en effet de demeurer une année de plus au séminaire, donnant par là, ainsi que son condisciple M. Delahaye, une leçon digne d'être proposée aux jeunes gens qui aspirent au sacerdoce.

M. Join-Lambert avait compris tout ce qu'il y a de grave dans la réception du sous-diaconat : « Quand je pense aux terribles engagements du sous-diaconat, écrivait-il à son ami le plus intime, dès le 6 octobre 1837, les cheveux me dressent presque sur la tête; mais j'espère que, Dieu aidant, j'y serai toujours fidèle, une fois qu'il aura bien voulu m'y faire entrer. De ton côté prie souvent pour moi et pour tous mes confrères. Car si les laïques ne prient pour les ecclésiastiques, que deviendrons-nous, nous si faibles, si petits ? » Et encore le 27 mars suivant : « J'ai été minoré le 23 décembre dernier, et peut-être serai-je sous-diacre à la Trinité. Prie pour moi, car c'est une grande affaire. » Mais une fois sous-diacre, écrivant de nouveau au même, et lui parlant de son ordination : « Il est presque impossible, lui dit-il, que je puisse jamais avoir un pareil jour dans ma vie : c'est le jour heureux par excellence. »

Dieu lui réservait pourtant deux journées plus heureuses encore. Il fut ordonné prêtre dans l'église Saint-Sulpice de Paris, le samedi des IV Temps de la Pentecôte, 13 juin 1840, par Mgr Bonamie, archevêque de Chalcédoine, supérieur général de Picpus, le siége de Paris étant alors vacant. Le lendemain, dimanche de la Trinité, il dit sa première messe dans la chapelle dite « des Allemands », où il avait fait depuis trois ans le catéchisme. Il en écrit ainsi à son ami quelques semaines après :

« ... Je n'essaierai pas de te dire ce qu'on éprouve en pareille circonstance : ce serait trop long, et moi-même je ne saurais peut-être pas bien définir ce que j'ai ressenti. Au moins puis-je te dire que maintenant encore, je n'ai pas de joie plus grande que de penser à ces deux beaux jours de ma vie, des 13 et 14 juin. Quand j'ai senti les mains de l'évêque qui se posaient sur ma tête pour me conférer le caractère sacerdotal, et ensuite après lui, les prêtres présents à la cérémonie m'imposer aussi les mains..., quand après l'ordination, j'ai vu mes confrères venir se jeter à mes pieds pour recevoir ma première bénédiction ; quand le lendemain je me suis vu au saint autel dans la chapelle des catéchismes, et que j'ai donné la sainte communion peut-être à cent ou cent cinquante de mes enfants, que veux-tu que je te dise ?... que j'ai pleuré et que je pleurerais encore !

« J'ai appris, mon cher ami, que tu avais manifesté le désir de te trouver à Paris à cette époque ; je t'en remercie de tout mon cœur, c'est une marque d'affection dont je te sais gré.

« Du reste, tu as su que je me suis opposé à ce que, à cette occasion, il y eût aucune fête dans la famille, ni repas, ni réunion. Pour mon compte, il m'eut été bien impossible d'y aller. Comment aurais-je pu assister à une pareille fête, moi qui au séminaire ne pouvais pas manger, ni penser à autre chose qu'à mon ordination et à ma première messe ?... »

M. Join-Lambert revint bientôt à Elbeuf, et il officia solennellement dans l'église de Saint-Etienne, où il avait été baptisé, et où il avait commencé à servir Dieu ! Ce fut une grande joie pour tous les paroissiens de retrouver à l'autel celui qu'ils avaient connu tout petit enfant si plein de religion. Mais combien ne furent-ils pas édifiés de voir un jeune homme, des premiers de la ville, mépriser ainsi les richesses et les honneurs du siècle! Que n'avait-il été donné à sa sainte mère d'assister à cet heureux jour! mais son âme sans doute prenait part à cette fête avec les esprits bienheureux qui entouraient l'autel.

Il y eut sermon à vêpres, et le prédicateur paraphrasant dans sa péroraison le psaume *Exaudiat,* quand il en vint au verset *hi in curribus et hi in equis,* fit allusion aux beaux chevaux que possédait le frère aîné de M. Join-Lambert, et pour lesquels il était renommé, tandis que lui, le prêtre, mettait sa gloire et sa confiance au nom du Seigneur. La chose était bien dite et elle fut bien prise.

M. Join-Lambert fut nommé presque aussitôt après son ordination, vicaire à Saint-Ouen de Rouen, et il dut être content de son lot. C'était dans cette église qu'il avait fait sa première communion ; c'était là qu'il avait si longtemps assisté aux offices, c'était là que, jeune enfant, il avait pris part aux fêtes augustes du Saint Sacrement. Et qui ne serait heureux d'avoir à servir Dieu dans cette grande et magnifique église? Le bon M. Leber n'était plus à Saint-Ouen ; mais il vivait encore et combien son cœur dut se réjouir !

Mais il y eut un homme plus heureux encore de cette nomination. Ce fut M. Mac-Cartan, curé de la paroisse, qui reçut son nouveau vicaire comme un ange envoyé de Dieu. M. Mac-Cartan était un prêtre respectable, aimant l'église et qui estimait les gens de bien. Certaines personnes lui eussent souhaité un peu plus de gravité dans l'esprit et dans les manières, et l'on se demandait quelquefois comment il porterait la vieillesse, tant il paraissait demeurer jeune dans un âge déjà avancé. Hélas! il n'a point eu le temps de vieillir; la catastrophe qui l'enleva à ses nombreux amis est encore présente à tous les esprits. Il avait en effet de nombreux amis, et des meilleurs; mais aussi nul ami n'était plus fidèle; nul plus constant, ni plus généreux. Il apprécia bientôt le trésor qui lui était échu en la personne de M. Join-Lambert, et il lui donna toute son affection. C'est qu'en effet, il était impossible de trouver un vicaire plus soumis à son curé, plus ponctuel dans l'accomplissement des devoirs de son ministère. En outre, M. Mac-Cartan, qui avait de l'esprit et se piquait de savoir-vivre, aimait les gens en qui il trouvait l'un et l'autre. Or, en matière de savoir-vivre, le nouveau vicaire aurait pu en remontrer aux plus habiles; pour de l'esprit, il en avait certainement, et de la meilleure sorte. Ces qualités qui se montraient dans les rapports fréquents qu'ont entre eux et avec leur curé les prêtres d'une paroisse, firent bientôt estimer M. Join-Lambert; mais ses confrères, et M. le Curé lui-même, le respectaient autant qu'ils l'aimaient. Quoique sérieux et réservé, quand la connaissance fut une fois faite, sa gaîté fine et spirituelle rendit plus agréable la familiarité des dîners du dimanche. Il n'y avait pas jusqu'à la connaissance exacte qu'il avait des rubriques, qui ne le rendît vénérable aux yeux de M. le Curé, lequel, tout versé qu'il était dans cette partie, se voyait quelquefois battu par lui sur ce terrain.

La vertu du nouveau vicaire ne tarda pas à être connue des paroissiens, qui remarquaient avec édification sa religion profonde à l'autel et dans les fonctions saintes, son extérieur grave dans l'église comme au dehors, la modestie de toute sa personne. Mais ce qui les toucha le plus, ce fut ce prêtre, riche et élevé dans l'abondance de toutes choses, plus modestement logé que l'eût été un homme d'une condition bien inférieure à la sienne. Il loua en effet, dans la rue du Vertbuisson, une petite maison basse et étroite, qui porte encore aujourd'hui le n° 6. Il était là, loin du bruit, retiré du monde, comme dans une espèce d'ermitage, ayant un jeune domestique, nommé comme lui Joseph-Hippolyte (peut-être était-ce son filleul), qu'il avait pris à Elbeuf, et qui le servait avec non moins de respect que d'affection. De son côté, M. Join-Lambert observait la recommandation que fait l'Ecriture au maître qui a un serviteur fidèle : il avait soin de lui comme de sa propre vie. Ce lui fut plus tard un grand chagrin de perdre ce bon serviteur, qui mourut de langueur chez lui, à Bonsecours, au mois d'avril 1846, et dont il voulut présider lui-même l'inhumation. Le mobilier de la petite maison répondait au caractère de l'édifice : tout était non pas modeste, mais mesquin et approchant de la pauvreté. Les personnes qui l'ont visité dans ce temps là, ne se rappellent guère autre chose qu'une grande table et quelques chaises, garnissant une salle basse dans laquelle il recevait ceux qui avaient à lui parler. Mais en récompense, il donnait de bonnes aumônes, qu'il avait grand soin de cacher. On en sut peu de chose : certaines pensions à des familles nécessiteuses ; des jeunes gens pauvres entretenus au séminaire ; tout cela fait très modestement, avec ordre et constance : c'était le caractère de ses charités.

M. Join-Lambert s'était exercé au ministère de la parole dans les catéchismes de Saint-Sulpice : on ne saurait croire le nombre des instructions qu'il avait écrites à cette fin, et qui témoignent du soin qu'il y apportait. Prêtre et vicaire, il continua d'écrire ses sermons qui étaient assez fréquents. On ne saurait dire qu'il fut éloquent dans le sens ordinairement attaché à ce terme. Avec une grande sensibilité, et quoique vivement pénétré des vérités qu'il prêchait, ses discours avaient quelque chose de moins onctueux qu'on n'eût souhaité. Peut-être une certaine difficulté de la prononciation y contribuait-elle pour quelque chose : naturellement il aurait parlé trop vite; il s'était garanti ou corrigé de ce défaut, mais en contractant l'habitude d'un certain effort qui lui ôtait de l'aisance. Peut-être aussi faut-il tenir compte de la trempe de son esprit, de l'habitude des sciences exactes. Il donnait d'ordinaire beaucoup au solide, visant surtout à instruire les fidèles et à les affermir dans la connaissance de la religion; aussi était-il goûté des bons chrétiens, qui ne se lassent guère d'apprendre en cette matière, et jamais ses paroissiens ne trouvèrent à redire à ses sermons. Très instruit d'ailleurs en théologie et possédant à fond toutes les parties de la religion, il parlait d'une manière à la fois exacte et intéressante.

Tout ce qu'il faisait, il le faisait bien, avec soin, en son temps. Jamais il n'aurait manqué de se trouver au confessionnal, et s'il n'y avait personne dans sa chapelle, il attendait, en lisant ou priant, que les pénitents fussent arrivés. Le curé de la Cathédrale, M. Motte, de vénérable et sainte mémoire, avait introduit cet usage dans les paroisses de Rouen, et il s'y conserve encore avec édification, au grand avantage des pénitents et des confesseurs.

Mais un des ministères dont M. Join-Lambert s'acquittait le plus fidèlement, c'était la visite des malades. Ceux-ci trouvaient grande consolation à recueillir les paroles de piété et de compassion qui sortaient de sa bouche. Il alla voir longtemps une pieuse fille que la Providence avait éprouvée par de nombreux revers, et qui arrivait à la fin de sa vie tout à fait dénuée des biens de la fortune. Mais en retour elle avait la grandeur d'âme, la noblesse des sentiments, une piété angélique, jointes à un esprit agréable et enjoué qui rendait son entretien le plus aimable du monde. Les visites de M. Join-Lambert lui devinrent bientôt précieuses : il n'était pas son confesseur, mais il lui parlait de Dieu, lui disait les choses qui intéressaient le bien de la religion; et, ce qu'elle estimait au-dessus de tout le reste, il lui apportait de temps en temps la sainte communion de grand matin, afin qu'elle pût la recevoir à jeun. Aussi ne tarissait-elle pas sur sa bonté et sa complaisance. Cette digne personne languit ainsi pendant près d'une année sans se plaindre, sans se décourager, sans s'attrister. Elle ne fut pas seulement douce envers la mort, elle lui fut gracieuse et la reçut avec une joie qui est à peine croyable. Une fois avec Dieu, comme elle a dû prier pour M. Join-Lambert !

La vertu du jeune vicaire le rendit bientôt respectable à tout le clergé de la ville, et comme il était naturel, plusieurs de ceux que l'âge et le genre de leurs fonctions rapprochaient davantage de lui, cherchèrent à entrer dans son amitié. Il ne parut point accueillir volontiers leurs avances: mais, à l'exception d'un ou deux en qui il crut voir des goûts et une manière de voir conformes aux siens, il continua de se tenir en grande réserve par rapport à ses confrères. Plusieurs en avaient de la peine qui auraient bien voulu fréquenter un ecclésiastique si édifiant; mais il craignait, comme il l'a avoué depuis, de se tromper et de former des liaisons qui l'auraient détourné de la voie où il avait entrepris de marcher. Peu à peu il se relâcha de cette retenue, et ceux qui ont eu le bonheur d'être liés avec ce cher confrère rendent grâces à Dieu de leur avoir donné un tel ami : *Beati sunt qui... in amicitiâ tuâ decorati sunt !* (1)

(1) Heureux ceux qui ont été honorés de votre amitié ! — *Eccli.* XLVIII, 11.

III

FONDATION DE LA MAISON DE BOISGUILLAUME

Il n'y avait pas encore trois ans que M. Join-Lambert exerçait son ministère à Saint-Ouen, lorsque la Providence jugea à propos de le charger d'une mission qui devait donner un tout autre exercice à son zèle. L'institution tenue par M. Eudes, prêtre, rue du Mont, à Rouen, avait cessé d'exister depuis une année, ou plutôt elle avait été transférée à Mesnières, près Neufchâtel. Cette maison fondée, vers 1823 obtint, dès le début, les sympathies des familles chrétiennes; mais beaucoup de personnes regrettèrent cette translation, qui laissait la ville de Rouen sans un établissement dirigé par des ecclésiastiques. La question de l'éducation avait commencé d'être agitée depuis un an ou deux, et l'enseignement de l'Université, non moins que la tenue de ses maisons, mettait grand nombre de familles en défiance. On demandait une direction plus chrétienne, et de toutes parts, à Rouen ou dans le voisinage, on formait des vœux pour qu'une maison s'établît, conduite par des membres du clergé. Plusieurs pères de famille exprimèrent ce désir au cardinal de Croy : on en parla également à M. Juste, depuis peu grand vicaire de ce prélat, et qui menait toutes les affaires. Soit que la pensée de M. Join-Lambert lui fût venue d'elle-même, soit qu'elle lui eût été suggérée d'ailleurs, M. Juste le manda, et lui ayant parlé au long du désir que l'on avait de créer près de Rouen une maison d'éducation chrétienne, il lui proposa d'entreprendre cette œuvre. M. Join-Lambert répondit qu'il ne désirait autre chose que faire la volonté de Dieu, et qu'il s'en remettait pour cela, comme pour tout le reste, à la décision de Monseigneur. Le Cardinal, prévenu par son grand vicaire, accueillit très bien M. Join-Lambert et lui témoigna être très satisfait de ses dispositions. M. Juste lui avait recommandé un grand secret, étant à craindre, comme il pensait, que l'on ne cherchât à empêcher la fondation du nouvel établissement.

L'affaire n'en était alors qu'à ces commencements assez peu définis, lorsque M. Godefroy, curé de Bonsecours, vient de son côté trouver M. Juste et lui annoncer qu'il a formé le dessein d'établir une maison d'éducation. Le lieu lui paraît offert par la Providence : ce sera à Bonsecours même, sous les ailes de la Sainte Vierge, à l'ombre de la belle église qu'il s'occupe à bâtir. Quant au local, on en a un tout prêt dans l'édifice destiné à servir d'asile aux prêtres âgés, et qui jusque-là n'en avait reçu, pour ainsi dire, aucun. M. Juste répond au curé de Bonsecours qu'il est déjà question d'un établissement de ce genre, et qu'il a engagé M. Join-Lambert, de la part de Monseigneur, à s'en occuper : « Eh ! bien, dit M. Godefroy, nous ferons la chose ensemble. » Rien en effet ne pouvait lui paraître plus opportun, et peut-être même avait-il déjà eu vent de l'affaire, car M. Juste n'avait guère de secret. Toujours est-il que, n'étant pas gradué lui-même, le curé de Bonsecours avait besoin d'un représentant qui eût un titre universitaire; en outre ses fréquentes absences, la surveillance des travaux de son église, le soin même de sa paroisse ne pouvant guère s'accorder avec la direction d'une maison d'éducation, il lui fallait nécessairement un collaborateur. Mais où trouver mieux pour cette fonction que M. Join-Lambert ? où trouver jamais aussi bien ? Ses grandes études, son instruction, sa qualité d'élève de l'école polytechnique, sa parenté, la considération qu'il s'était acquise comme prêtre dans la ville de Rouen, tout devait le recommander aux familles, et attirer les élèves dans le nouvel établissement. Enfin n'est-il pas permis de croire que la situation temporelle du vicaire de Saint-Ouen contribuait en quelque chose à rendre plus agréable au curé de Bonsecours la pensée de se l'associer ? Il avait déjà jeté les yeux sur M. Join-Lambert trois ans auparavant, quand celui-ci fut ordonné prêtre, et il avait témoigné à cette époque le désir de l'avoir pour auxiliaire à Bonsecours. Il accueillit donc avec empressement cette idée de fonder la nouvelle maison, de concert avec lui, et une conférence eut lieu entre eux chez le grand vicaire. M. Juste s'étendit au long sur l'utilité, la nécessité même d'un tel établissement, promit de nouveau son appui et la protection de Monseigneur, recommanda encore le secret absolu, et dans sa pensée, aussi bien que dans celle de M. Godefroy, la chose put un instant passer pour faite. Mais tous deux avaient affaire à un esprit positif, accoutumé à considérer les choses sous leurs différentes faces, et à ne rien laisser dans un projet qu'il ne l'eût examiné dans le plus minutieux détail. « Je veux bien aller avec vous, « dit M. Join-Lambert au curé de Bonsecours, mais il « faut que je sache en quelle qualité et à quelles condi- « tions. — Nous serons tous deux sur le même pied, « répondit M. Godefroy, et il n'y aura aucune différence « entre l'un et l'autre. — Pourtant faudra-t-il qu'il y en « ait un qui soit le premier, et qui ait la responsabilité « de l'œuvre. — Vous aurez le titre et serez le chef; « vous aurez les rapports avec les parents, et c'est vous

« qui paraîtrez devant l'Université et devant le public.
« Moi, ajoutait le curé, j'aurai la direction des professeurs et les rapports particuliers avec les élèves. — « Je ne conçois pas les choses ainsi, répliquait M. Join-Lambert : ou je serai le chef, mais en réalité ayant « la main et sur les élèves et sur les professeurs, tenant « les rapports avec les parents : ou ce que je préfère de « beaucoup, je serai chez vous, M. Godefroy, professeur « de mathématiques, chargé de ma part de surveillance, « aux appointements de six cents francs par an, ou « même sans appointements du tout. Il faut, ce me « semble, que ce soit l'un ou l'autre. » Il n'y avait guère moyen de passer entre les deux membres de cette alternative. M. Juste, néanmoins, y essaya : ces deux Messieurs, disait-il, seraient les doigts d'une même main, agissant ensemble, ou l'un à défaut de l'autre. — Bonsecours serait un autre Vaugirard, dont M. Godefroy serait le Georget, et M. Join-Lambert le Poiloup. L'Institution dirigée par M. Poiloup, à Vaugirard, et qui appartient maintenant aux Jésuites, était alors dans sa splendeur, et l'on savait que M. Georget avait grandement contribué à en faire une des plus florissantes maisons de France.

Tout cela paraissait de moins en moins clair à M. Join-Lambert. On se sépara pour se revoir bientôt, et une nouvelle entrevue n'apporta pas plus de lumière dans son esprit, ou plutôt il vit très nettement que les choses ne pourraient pas marcher telles qu'elles lui étaient proposées. Ce qui gênait surtout M. Join-Lambert, c'était de ne pouvoir prendre conseil de personne dans cette affaire, s'en croyant empêché par l'injonction qu'on lui avait faite de la tenir sous le secret. Sur ces entrefaites il apprit qu'elle était ébruitée, que déjà l'on en parlait dans la ville. Il se crut dès lors dégagé de sa promesse, et résolut de consulter. Il demanda un entretien à M. Pierre Labbé, du séminaire d'Yvetot, qui se trouvait à Rouen par circonstance, et lui exposa son embarras. Celui-ci ne crut pas non plus que M. Join-Lambert dut accepter une position aussi mal définie, qui lui paraissait devoir engendrer toutes sortes de difficultés, et aboutir à une séparation prochaine. Mais comme il se rendait à Paris le lendemain, il proposa à M. Join-Lambert de consulter pour lui quelqu'un des directeurs de Saint-Sulpice. Celui-ci accepta avec joie, car il avait conservé une affection toute filiale pour cette pieuse maison, et c'était là qu'il s'adressait dans les difficultés plus considérables relatives à son ministère. La question fut soumise par lui dans ces termes : « La chose m'étant « proposée au nom de Monseigneur, dois-je en « conscience et par soumission à son autorité, accepter « aveuglément les conditions qui me sont posées ? » Car c'était au fond sa seule préoccupation, faire la volonté de son évêque, assuré de faire en même temps la volonté de Dieu.

Il ne fut pas besoin de longues réflexions à l'ecclésiastique consulté, pour répondre que M. Join-Lambert n'était nullement tenu en conscience d'accepter des conditions impossibles ; qu'en ce qui touchait l'archevêque, il y avait lieu de croire que le prélat n'avait pas donné une décision aussi formelle qu'on paraissait le supposer ; que M. Join-Lambert ferait bien de lui demander une audience, et de lui exposer ses répugnances à accepter la proposition de M. Godefroy, ajoutant qu'il s'en remettait d'avance à la décision de Monseigneur. Fort de cette réponse, M. Join-Lambert demande à M. Juste de le conduire chez Son Eminence, à qui il soumet son embarras. Il n'y avait pas d'homme plus mal à son aise que le bon Mgr de Croy lorsqu'il se trouvait consulté, à l'improviste, sur quelque affaire épineuse. Ainsi qu'on l'avait pensé à Saint-Sulpice, il n'avait pas été mis au courant des détails : charmé d'apprendre que le curé de Bonsecours et M. Join-Lambert devaient s'associer pour former une maison chrétienne, il en avait béni Dieu. Mais apprenant qu'il y avait débat sur les conditions, il ne voulut point y entrer, et se contenta de dire à M. Join-Lambert que ce serait pour lui une vive satisfaction de voir établir une maison pour élever chrétiennement la jeunesse; mais que quant au reste il s'arrangeât comme il voudrait avec le curé de Bonsecours. Ce dernier, voyant que ses projets ne pouvaient être mis à exécution tels qu'il les avait conçus, se retira; alors une partie insuffisante et peu commode de la maison de Bonsecours fut mise à la disposition de M. Join-Lambert, M. Godefroy se réservant le reste.

C'était une grande perte pour M. le curé de Saint-Ouen que le départ d'un tel vicaire; mais il montra en cette occasion sa générosité et son désintéressement, car la pensée du bien que procurerait un établissement de ce genre lui fit supporter sans se plaindre une si grande privation. M. Join-Lambert, avant de se mettre à l'œuvre, s'enquit des choses utiles à la réussite de son entreprise : il s'assura d'un ou de deux collaborateurs, prépara le matériel nécessaire, et le 20 novembre 1843, veille de la Présentation de Notre-Dame, il entra à Bonsecours avec trois ou quatre enfants, les premiers nés de cette nouvelle famille. Il les consacra à la Sainte Vierge, sous la protection de laquelle il avait voulu placer son œuvre. Au bout de quelques jours, il apprit par ses élèves, et il vit de ses yeux, qu'une seconde pension se formait dans un autre quartier de la maison. C'était M. Godefroy qui n'avait pas renoncé à son dessein ; et les deux maisons croissant ensemble, on ne demeura pas longtemps sans se gêner mutuellement. M. Join-Lambert comprit qu'il ne pouvait pas rester plus longtemps à Bonsecours, et il s'occupa de chercher un lieu propre à une nouvelle fondation.

M. Join-Lambert ne se proposait que d'obéir aux désirs de son évêque, en entrant dans un genre de vie si nouveau, et en se chargeant d'une si lourde entreprise. On se tromperait toutefois si l'on croyait qu'il eût de la répugnance pour le ministère de l'éducation. Cette œuvre lui souriait au contraire; et il s'y serait dévoué de grand cœur, s'il n'eût pas craint de suivre ses propres pensées, et, comme disait saint Vincent-de-Paul, d'enjamber sur la Providence. La vie commune avec des confrères, le joug de la règle, qui lui avait paru si doux durant ses années de séminaire, la paix et la tranquillité dans l'éloignement du monde auraient comblé ses désirs. D'ailleurs il aimait l'enseignement, en particulier celui des mathématiques : « Pourquoi « ne m'avez-vous pas demandé de venir avec vous à « Yvetot, quand vous m'avez vu à Saint-Sulpice ? « disait-il plus tard à M. Labbé. — Je n'aurais pas « osé vous le proposer, répondit celui-ci : le genre de « notre maison m'aurait détourné de cette pensée « quand elle me serait venue. La chose ne s'est jamais « présentée à moi comme faisable. » — « Eh ! bien, « moi, j'ai été très surpris que vous ne m'en eussiez « pas parlé. Comme je serais venu de bon cœur, « supposé que Monseigneur l'eût eu pour agréable ! » Il est évident que la Providence avait d'autres vues. La maison d'Yvetot n'offrait pas alors à toutes les familles ce qu'elles désiraient, et son éloignement même était un obstacle aux yeux d'un grand nombre. Il était donc utile et désirable qu'on établît une institution plus proche de Rouen. C'est ce qu'avait fait valoir à M. Join-Lambert, M. Labbé lui-même, lorsque celui-ci l'avait consulté sur la proposition de M. Juste, bien éloigné en cela de l'esprit de rivalité que ce grand-vicaire lui avait supposé, et en vue de quoi il avait fort recommandé à M. Join-Lambert de se garder pardessus tout de lui découvrir le projet en question.

La maison de M. Join-Lambert suppléait donc à ce qui manquait, et l'établissement en fut bien accueilli dans le public. Mais en même temps la responsabilité qui lui avait pesé si fort dans son ministère de paroisse, et dont il aurait tant aimé à être déchargé en vivant simple professeur à Yvetot, la responsabilité tomba sur lui tout entière, et à mesure que le temps avança, il en sentit davantage le fardeau. « Toutes les fois, écrit son ancien camarade, le comte de Caulaincourt, que j'ai eu l'occasion de lui rendre visite à Bonsecours et à Boisguillaume, je l'ai trouvé le même, ayant un vif sentiment des difficultés de toute nature qui pesaient sur lui. »

Quand M. Join-Lambert commença à recevoir des élèves, la domination de l'Université était au plus haut point. Il fallut donc d'abord qu'il se logeât hors ville, sans quoi ses élèves, à partir de la sixième, auraient été contraints de fréquenter les classes du collége royal. Or, c'était là une des choses que les familles chrétiennes redoutaient le plus, tant à cause du contact avec les autres écoliers, que pour le danger de l'enseignement universitaire, devenu dans ces temps ouvertement hostile à la religion et à l'Eglise. Mais que d'embarras on devait prévoir ! supposé que les enfants pussent demeurer dans la maison jusqu'après leur seconde achevée, qu'en ferait-on pour la rhétorique et la philosophie ? Car la loi universitaire était formelle à exiger que ces deux classes fussent faites dans un collége de l'Etat, et plus le temps avança, plus l'on se montra exigeant à cet égard, les fonctionnaires de l'Université ne reculant devant aucune mesure, si odieuse qu'elle fût, pour s'assurer qu'aucun étudiant n'échappait à leur enseignement pendant ces deux années entières. Il devint même évident que le dessein bien formé de l'Université, en cela l'instrument avoué du gouvernement d'alors, était de réduire à néant le petit nombre de maisons ecclésiastiques qui avaient joui jusque-là de quelque liberté. Il y avait là de quoi décourager les plus hardis, mais Dieu inspira alors à plusieurs. et en particulier à M. Join-Lambert, une confiance qui les soutint dans les épreuves, et qui prépara, pour des temps moins difficiles, des maisons où la jeunesse pût être élevée chrétiennement.

M. Join-Lambert chercha quelque temps aux environs de Rouen un local propre à recueillir les enfants que la Providence lui envoyait. Dans son embarras, car il ne trouvait rien, il songea un moment au château des Alleurs, près Malaunay, lequel appartenait à son père. Le chemin de fer du Havre, alors en construction, allait rapprocher Malaunay de Rouen; mais les Alleurs étaient encore bien éloignés de la station : et puis les heures des trains seraient-elles commodes? et la dépense du trajet ? et la difficulté pour les maîtres du dehors ? Il ne s'arrêta donc pas à cette idée. On lui indiqua un local à Sotteville, occupé quelque temps par une manufacture, et qui avait fait autrefois partie d'un couvent de Pénitents; il alla le visiter. Mais outre plusieurs difficultés que présentait cet emplacement, l'autre partie de l'ancien couvent était alors occupée par un établissement industriel, dont le voisinage serait devenu fort incommode. De plus, ce quartier était rempli de fabriques, la fumée des machines à vapeur, toutes les incommodités qui accompagnent les usines le rendaient peu agréable à habiter, et peut-être les parents, plus difficiles souvent pour leurs enfants que pour eux-mêmes, en eûssent-ils trouvé le séjour insalubre. M. Join-Lambert y renonça.

Ce fut alors que lui fut proposée par son notaire une propriété à Boisguillaume, qui lui parut réunir les principales conditions qu'il désirait : un terrain spacieux, bien assis, bien planté, en bon air, ni trop rapproché, ni trop éloigné de la ville, de manière que l'on eût la commodité du voisinage, sans être exposé aux inconvénients d'une trop grande proximité. M. Join-Lambert acheta ce terrain et résolut d'y bâtir sans délai ce qui était nécessaire pour loger son petit troupeau, lequel allait s'augmentant. Et il se serait accru bien davantage, si M. Join-Lambert ne s'était imposé pour régle de ne recevoir aucun enfant sortant d'autres colléges, en quoi certes il agissait sagement : car d'un côté, la maison se remplissant peu à peu et seulement de jeunes enfants, l'esprit avait le temps de se former, et d'un autre côté, on avait bien moins à craindre qu'il ne se glissât des loups dans cette petite bergerie. M. Join-Lambert était sur le point d'acheter la propriété de Boisguillaume, quand mourut le prince de Croy. N'ayant agi jusque-là que sur ce qu'on lui avait représenté comme étant la volonté de ce prélat, et ne sachant pas comment son successeur verrait l'œuvre qu'il avait entreprise, il se trouva très embarrassé. M. Juste, à qui il avait soumis ses doutes, lui répondait d'une manière fort évasive que les choses s'arrangeraient, et qu'il ne fallait pas trop se préoccuper de l'avenir. Les autres grands-vicaires disaient que, n'ayant été pour rien dans cette affaire, ils n'avaient aucun conseil à donner. M. Join-Lambert prit le parti d'attendre, et de ne rien conclure avant l'arrivée du nouvel Archevêque.

Aussitôt donc que Mgr Blanquart de Bailleul fut installé, il alla le trouver, et lui exposa ce qu'il avait fait pour se conformer aux désirs du cardinal de Croy : il lui parla de l'acquisition considérable qui était nécessaire pour continuer son œuvre, ajoutant qu'il n'avait voulu rien conclure sans avoir l'approbation de son Archevêque. Monseigneur lui posa alors plusieurs questions : « Avez-vous du goût pour cette œuvre ? — « Monseigneur, je ne suis pas prêtre pour suivre mes « goûts, et je prie Votre Grandeur de n'y avoir point « égard. — Votre famille voit-elle cela de bon œil ? — « Non, Monseigneur, mon père en est même vivement « contrarié, mais en embrassant l'état ecclésiastique, « je me suis mis au service de l'Eglise, et si au juge- « ment de Votre Grandeur, l'œuvre que j'ai commencée « doit lui être utile, je ne voudrais pas que des consi- « dérations de famille pûssent y être un obstacle. Je « me remets donc entièrement entre vos mains. » Monseigneur demanda alors à y réfléchir, et quelques jours après, ayant fait venir M. Join-Lambert, il lui dit qu'il regardait sa maison comme devant être très utile à l'Eglise et à la société, et qu'en conséquence, il le priait de continuer cette œuvre. Ce fut alors seulement que M. Join-Lambert acheta Boisguillaume. Le contrat d'acquisition fut passé le 20 mars 1845.

M. Join-Lambert, avant de conclure son marché, avait consulté son père; non seulement regardant comme un devoir de ne pas traiter une affaire si importante sans prendre son avis, car il s'agissait pour l'acquisition seule d'une somme de quatre-vingt mille francs, mais aussi parce qu'il avait besoin de son concours pour faire cette dépense et celles qui suivraient nécessairement. M. Join-Lambert le père accéda au désir de son fils, et versa entre ses mains une somme considérable qui revenait à celui-ci du chef de sa mère; mais il fut facile à M. l'abbé de voir que son entreprise n'avait pas l'approbation de son père, et il savait d'avance qu'elle ne l'aurait pas. M. Join-Lambert le père avait eu assez de grandeur d'âme pour estimer le sacrifice de son fils lorsqu'il avait renoncé au monde pour se faire prêtre; et tout en gémissant de le voir se condamner à une vie pauvre et resserrée dans sa petite maison de vicaire, il ne pouvait s'empêcher d'admirer en lui le prêtre digne de ce nom. Mais que ce fils de tant de mérite et de si grandes espérances se fît maître de pension, c'est ce que ce bon père ne put ni goûter ni comprendre. Il lui eût fallu pour cela des sentiments auxquels ne suffisent ni un esprit droit, ni une âme noble : la foi seule peut révéler le prix des sacrifices qui se font purement pour Dieu. A partir de ce moment les rapports de M. l'abbé Join-Lambert avec son père devinrent plus rares et encore plus gênés; il n'eut donc pas la consolation de le recevoir plus de deux ou trois fois dans sa maison de Boisguillaume.

Ce fut M. Robert, l'un des directeurs du séminaire d'Yvetot, en son temps élève de l'école polytechnique comme M. Join-Lambert, et depuis ingénieur des constructions navales, qui, d'accord avec lui, et après maintes conférences auxquelles prenait part M. Xavier Labbé, supérieur de cette maison, dressa le plan des constructions à élever. On commença les travaux dès le mois de mai, et quoique l'entrepreneur eût toute la confiance de M. Join-Lambert, et que l'ouvrage fût suivi par un conducteur du choix de l'architecte, M. Join-Lambert voulut néanmoins jeter fréquemment sur le chantier le coup d'œil du maître. Pendant tout le temps, en effet, que dura la construction, il se rendit fréquemment sur les lieux, parcourant à pied la distance qui sépare Bonsecours de Boisguillaume, et rapprochant ses visites à mesure que l'ouvrage avançait. Mais la fatigue qui aurait été grande à un homme robuste, car outre la longueur du chemin, il fallait gravir une double côte, devint excessive pour une santé aussi délicate que la sienne. Plusieurs fois il lui survint des crachements de sang dont il ne parlait point. Enfin, s'étant ouvert de ces accidents à un ami, celui-ci qui lui avait souvent reproché de se refuser le soulagement d'une voiture, le fit consentir à en louer une pour remonter à Bonsecours. Il regardait à cette dépense, accoutumé qu'il était à ne s'accorder rien qui fût pour la simple commodité, effrayé de plus à cette époque des frais considérables où l'avaient entraîné ses constructions. En effet, la somme que lui avait remboursée son père était loin d'avoir suffi ; il lui avait fallu recourir à des emprunts importants, et cette circonstance le rendit malheureux pendant bien longtemps.

Ce n'était pas d'avoir contracté des dettes qui causait son chagrin : il aurait offert à Dieu de grand cœur le sacrifice de sa fortune, et ne peut-on pas dire qu'il l'a fait réellement ? Mais la crainte que son père n'eût connaissance par quelque endroit de l'état de ses affaires ne lui laissait aucun repos. Peut-être même la pensée de mourir lui laissant cette découverte à faire, était-elle plus pénible encore à M. Join-Lambert que la crainte de le savoir instruit de son vivant. Sans doute il ne s'imaginait pas que son père, si entendu en affaires, en gestion de biens, en constructions, dût se faire illusion sur ce qu'avait coûté l'établissement de Boisguillaume; mais enfin tant que ce digne père n'était pas entré dans le compte de la dépense, et qu'il n'avait pas connaissance des emprunts contractés pour y subvenir, il pouvait garder le silence. Et c'était beaucoup pour son pauvre fils qui n'aurait pas eu la force de supporter une explication avec lui sur ce sujet. Il est à croire que de son côté le père ne la désirait pas davantage, et que tous deux, comme de concert, évitèrent toujours ce qui pouvait y donner occasion. Mais ce fut pour M. Join-Lambert une inquiétude qui le tourmenta pendant des années, et ne cessa qu'à la mort de son père.

La maison de Boisguillaume fut ouverte aux élèves le 26 octobre 1846. Elle n'était pas aussi grande qu'elle l'est devenue, M. Join-Lambert l'ayant prolongée en l'année 1864, et y ayant ajouté en même temps des cuisines et des constructions accessoires. Mais elle suffisait alors au nombre des élèves qui n'était que de trente-sept, dont huit nouveaux, les autres étant venus de Bonsecours. De ces enfants, plusieurs appartenaient à des familles amies ou alliées de M. Join-Lambert; d'autres avaient été attirés par sa réputation, par la dignité de son caractère; et les parents de ces enfants appréciaient un dévoûment qui n'avait reculé devant aucun sacrifice. Les plus difficiles, en effet, pouvaient se trouver contents. L'aspect de la maison, l'agrément du lieu, la disposition intérieure, même une certaine élégance dans la simplicité, montraient le bon goût du maître, en même temps que l'esprit d'ordre qui le distinguait. Mais quand une fois on le connaissait, quand on avait pénétré dans son cœur, qu'on avait eu l'occasion d'en sentir la bonté, quand on avait vu de près et expérimenté sa modestie, la délicatesse de ses sentiments, on ne savait si on l'aimait ou si on le respectait davantage. Aussi beaucoup de parents, entre ceux qui lui avaient confié leurs enfants, devinrent-ils ses admirateurs, et lui gardent-ils encore aujourd'hui une pieuse reconnaissance.

Tous néanmoins ne furent pas capables de l'apprécier. Par là même que M. Join-Lambert s'adressait aux familles plus riches ou plus distinguées, il eut aussi plus souvent au nombre de ses élèves des enfants élevés avec recherche, par suite volontaires, fantasques, et qui trouvaient dans leurs parents une disposition fâcheuse à écouter leurs caprices ou même à flatter leurs défauts. Que de plaintes il lui fallut entendre et sur la tenue des enfants, et sur leur toilette, et sur ce que tel était puni injustement, sur ce que cet autre n'était pas traité avec les égards convenables ! Et les exigences sans fin au sujet de la santé ! Et tout ce que la sollicitude excessive des mères, ou la prévenance intéressée des médecins, a imaginé pour réduire l'éducation au soin du corps et au culte de la matière ! Plus d'une fois il se vit ainsi enlever des enfants dont il avait cultivé le premier âge avec toute la tendresse d'une mère, des jeunes gens dont il avait supporté longtemps les défauts dans l'espérance de les voir se corriger avec l'âge, et de les rendre à leur famille laborieux et vertueux, après qu'ils auraient honorablement terminé leurs études. Quelquefois on les lui ôtait pour les placer, sous prétexte d'études plus fortes, dans des établissements où il savait que leur innocence et leurs principes devaient courir les plus grands dangers. D'autres fois, des parents faibles, cédant aux instincts de liberté et de fainéantise de leur fils, le reprenaient sous couleur de soigner eux-mêmes la fin de ses études, en lui donnant des maîtres qui le suivraient de plus près... M. Join-Lambert eut en particulier ce chagrin étant déjà très malade, et ayant à peine trois semaines à vivre. Il s'agissait d'un élève déjà avancé dans ses études et qu'il avait aimé d'une manière particulière. Le père, pour complaire à l'enfant qui se trouvait assez grand pour marcher tout seul, était déterminé à le garder chez lui après les vacances de Pâques; mais il voulait se donner l'honneur d'une décision prise avec maturité. Il imagina donc de consulter M. Join-Lambert, afin de tirer de lui un avis favorable et de s'en autoriser. On peut penser quelle fatigue et quelle souffrance fut pour le pauvre malade cet entretien qui ne pouvait finir, comme il arrive quand un homme sent qu'il a tort et qu'il veut se donner raison.

Mais que sont pour un instituteur de la jeunesse les peines qui lui viennent des parents, en comparaison de celles que lui causent les enfants eux-mêmes ? Sans doute M. Join-Lambert trouva dans ses élèves bien des cœurs reconnaissants et affectueux, qui récompensèrent ses soins par leur docilité, même par leurs succès. Au premier rang fut M. Albéric de Saint-Philbert, de qui le père et la mère professaient pour M. Join-Lambert la plus haute estime et le plus respectueux attachement. Ces vertueux parents lui confièrent leur fils dès les commencements de sa maison à Bonsecours, et comme ce jeune homme montrait de l'aptitude pour les sciences, M. Join-Lambert le forma lui-même, et le fit recevoir avec distinction à l'école polytechnique. Beaucoup d'autres aussi lui font honneur maintenant, qui furent sa joie pendant le temps qu'ils passèrent sous sa direction. On peut dire que tous ceux qui ont été ses disciples gardent religieusement son souvenir, plutôt comme celui d'un père que comme celui d'un maître. Et ces sentiments sont bien dus à sa mémoire.

M. Join-Lambert en effet se donnait tout entier à ses élèves; il leur fut dévoué dans toute la force du terme. Aussitôt qu'il se vit chargé par Dieu de la conduite de ces enfants, il n'eut plus d'autre chose en vue que d'accomplir dignement ce ministère sacré, car ce fut ainsi qu'il envisagea toujours ses fonctions d'instituteur de la jeunesse. Ce qu'il avait été vicaire, ce qu'il aurait été curé, il le fut à Bonsecours et dans sa maison de Boisguillaume, sans cesse occupé du soin de conserver ses élèves dans l'innocence, de les instruire dans la foi, de les former à la vertu, d'en faire en un mot de bons chrétiens pour le reste de leur vie, demandant à Dieu qu'il voulût en faire un jour des saints dans le ciel.

C'était là que tendaient les désirs de son cœur, ce qu'il demandait par ses prières. Or, peu de prêtres priaient avec plus de ferveur que lui. Il était impossible de l'apercevoir à l'autel, si respectueux, si recueilli, sans se sentir pénétré de religion; et le voir réciter en commun ou en particulier son office devenait une exhortation à la ferveur. Mais ceux qui ont connu son cœur, qui ont été les confidents de ses pensées secrètes savent que Dieu lui était sans cesse présent, et que son union avec lui formait une prière continuelle. Qui a jamais surpris sur ses lèvres une parole qui sentît le caprice ou la passion ? Qui l'a jamais vu irrité ou en colère? Jusque dans la société la plus intime, avec ses plus familiers amis, il se tenait toujours sur ses gardes, et il avait ce privilége de la vigilance chrétienne d'apercevoir de loin, pour le détourner, ce qui aurait pu le moins du monde blesser la charité, ou quelque autre vertu. Au besoin même, il usait de liberté. reprenant ses meilleurs amis, s'il lui paraissait qu'ils s'échappâssent un peu. Mais aussi sa vigilance n'avait rien de contraint ni de gênant pour les autres, et sa piété était aussi aimable que sincère.

Ces qualités ou plutôt ces vertus le faisaient grandement estimer de ses élèves, surtout des plus âgés qui le voyaient de près, et qui, formés par ses leçons, commençaient à être en état d'apprécier son mérite. Il présidait tous les jours leur lecture spirituelle, à laquelle il ajoutait quelques exhortations qui inspiraient le respect, et descendaient dans les cœurs. Car autant sa parole était noble et digne, autant paraissait-elle remplie de bonté et d'affection. Aussi ces jeunes gens craignaient de lui causer de la peine, et c'était souvent là le motif qui les touchait le plus. Il les faisait aussi quelquefois venir à sa chambre, soit qu'il eût reçu quelques plaintes à leur sujet, soit qu'il jugeât à propos de leur donner certains avis. Il parlait alors avec douceur, mais sans familiarité ; quand l'occasion le demandait, son langage devenait ferme et sévère, aussi plusieurs redoutaient d'être appelés devant lui. Est-il besoin de dire que religieux et zélé pour le culte de Dieu, il cherchait à inspirer les mêmes sentiments à ses enfants ?

Il souhaitait vivement que l'office divin fût célébré dans la chapelle de la maison avec recueillement, avec dignité, avec toute la pompe possible. Quelle joie pour lui, quand il voyait ses chers élèves y prendre part, apprendre les cérémonies et l'entourer à l'autel aux jours des grandes fêtes ! Il donnait en particulier ces jours-là une grande solennité au salut du Saint-Sacrement, et les enfants étaient ravis d'y assister. La fête de la maison, la clôture de la retraite, la première communion étaient vraiment pour eux des fêtes de famille, souvenir précieux pour le reste de la vie. M. Join-Lambert avait néanmoins usé de discrétion dans le choix des exercices pieux car la maison n'était pas un séminaire, et il désirait que ses enfants pussent facilement continuer dans le monde les pratiques auxquelles ils se seraient accoutumés durant le temps de leur éducation. Ainsi les fêtes de la Sainte Vierge n'avaient point d'office, mais elles ne passaient point inaperçues, tant s'en faut. Il y préparait les élèves par ses lectures spirituelles et une neuvaine de prières : il les engageait à communier le jour de la fête, et voulait qu'une petite addition au repas de midi témoignât la joie de la journée. Un de ses plus chers désirs était de leur inspirer une grande dévotion à la Mère de Dieu : il se rappelait de quel secours ce sentiment lui avait été autrefois dans le monde.

Vivant au milieu des élèves, il portait attention sur tout ce qui concernait le bon ordre, le travail et le bien-être des enfants. Il visitait souvent les salles d'études, les classes, faisant réciter, expliquer, s'informant de la conduite et de l'application des écoliers, et s'en rendant compte par lui même. Chaque dimanche la lecture des notes se faisait publiquement, et il distribuait avec grande justice l'éloge et le blâme, insistant davantage sur les motifs capables d'émouvoir un cœur bon et honnête, tels que l'amour des parents et les sacrifices qu'ils s'imposaient, sur les promesses passées, sur la peine que lui causait la paresse ou l'indocilité certains élèves ; il était clair du reste qu'il penchait plus volontiers vers l'indulgence.

M. Join-Lambert avait trop l'esprit d'ordre pour ne pas donner une attention sérieuse et suivie au matériel de sa maison. Il veillait avec grand soin à tout ce qui était de la propreté, et un Anglais, ministre protestant, qui avait, en compagnie d'un de ses confréres, visité en détail la maison de Boisguillaume, dans une relation imprimée de son voyage en France, où il parle avec grande estime du désintéressement de M. l'abbé Join-Lambert et des sacrifices qu'il a faits, rend ce témoignage à la tenue matérielle de l'établissement : « Les élèves couchent dans deux dortoirs, lesquels, comme le reste de la maison, sont tenus avec une propreté scrupuleuse » (1). A plus forte raison ce digne supérieur veillait-il à la santé des élèves. Il eut une fois le chagrin d'en perdre un dans la maison : on peut penser quelle fut sa douleur !

M. Join-Lambert réunissait deux qualités qui vont rarement ensemble, et dont l'alliance contribue à la tenue parfaite d'une maison. D'un côté il ne faisait aucuns frais inutiles ; de l'autre il n'épargnait rien, quand la dépense était nécessaire ou convenable. Il avait tenu à ce que le mobilier qui était à l'usage des élèves fut non seulement propre et de bonne apparence, mais encore que tout y fût, comme l'on dit, étoffé. Et le même principe le dirigeait dans les choses qui avaient rapport à la nourriture, desquelles il se rendait un compte exact, non seulement quant à la qualité des denrées et à la manière dont elles étaient accommodées, mais aussi quant au prix, écrivant tous les jours lui-même, article par article, la dépense du jour, ce qu'il continua de faire jusqu'en 1851 : car ce fut seulement alors qu'il commença à avoir un économe, s'étant contenté jusque là d'un principal domestique qui faisait les fonctions de dépensier. Il faut avouer néanmoins

(1) The boys sleep in two dormitories, which, like all the house, are scrupulowsly clean neat. (Journal in France, by Thomas William Allies, m. a. London, Longman 1849.)

que dans les premières années, M. Join-Lambert, un peu scrupuleux en cela comme dans le reste, et craignant toujours de n'en pas faire assez pour la décharge de sa conscience, avait traité ses élèves plus délicatement qu'il n'était raisonnable, leur faisant donner de temps en temps par surcroît des plats sucrés, et en particulier les accoutumant à un régime tel que bon nombre d'entre eux n'en auraient pu jouir aux jours ordinaires dans leurs familles. Et quelques-uns de ceux-là, comme il arrive, ne le trouvaient pas encore assez bon. Qui sait si d'autres ne se plaignaient pas de la nourriture ? Mais cela n'a rien d'étrange, ni surtout de nouveau.

Ce qui semble plus étonnant, c'est que personne ne tenait compte à M. Join-Lambert des grandes dépenses qu'il avait faites pour préparer aux enfants des familles riches un asile où ils pussent recevoir une éducation chrétienne. On parlait de sa bonté, on lui savait gré de la peine qu'il se donnait, mais les avances considérables qu'il avait faites et qui ont fini par absorber la très grande partie de sa fortune, jamais il n'en était question. M. Join-Lambert était riche, il pouvait se permettre cette dépense ; il avait là un bel établissement. C'était là probablement tout ce que le public avait dans l'esprit, s'il a jamais eu quelque chose dans l'esprit à ce sujet. Pour lui, il ne parlait à personne des frais énormes qu'il lui avait fallu faire : il s'arrangea même de manière à n'en jamais connaître tout à fait le montant, et interrogé sur ce point vers la fin de sa vie par un ami avec lequel il avait toujours parlé ouvertement de ses affaires, il lui répondit qu'il ne le savait pas et qu'il n'avait jamais voulu le savoir, sans doute parce qu'il ne voulait pas le dire. Et il ne faudrait pas croire que M. Join-Lambert fût homme à ne pas s'inquiéter des questions d'argent. Elevé dans des habitudes d'ordre et d'économie, telles qu'elles existaient alors dans les familles que l'on appelle industrielles, guidé dailleurs en tout par la raison, et incapable de céder au caprice, ou de se laisser entraîner au premier mouvement, encore moins d'agir par un motif de vanité, il savait se passer de bien des choses, et se contenter de peu. Combien il était contraire à son humeur de se mettre dans les dettes, de payer des intérêts considérables ! Mais aussi grand et généreux par religion qu'il était par raison regardant et économe, une fois assuré que Dieu demandait de lui ce sacrifice, il n'épargna rien dont il pût disposer, et ne s'épargna pas lui-même.

Car du moment qu'il eut commencé de se livrer à l'éducation, il ne goûta plus pour ainsi dire ni paix ni joie, et l'on trouverait bien peu de prêtres qui aient eu un ministère aussi peu consolé. Sans doute ce fut une conduite particulière de Dieu pour la sanctification de ce sien serviteur, l'un des plus mortifiés qu'il ait eus de notre temps dans l'Eglise. Comme l'abbé Join-Lambert conversait un jour avec un ami intime, et qu'il le consultait, comme il faisait souvent, sur de nouveaux embarras : « Savez-vous, lui dit-il en souriant, que je « crois que tout cela est l'effet d'une prière que j'ai faite « souvent étant enfant ? J'avais lu, dans je ne sais quel « exercice pour entendre la messe, ces paroles : envoyez-« moi des croix, ô mon Dieu, beaucoup de croix, seule-« ment donnez-moi la force de les porter. Et je répétais : « des croix, ô mon Dieu, beaucoup de croix. J'ai répété « cela je ne sais combien de fois dans mes prières, sans « trop savoir ce que je disais, mais le bon Dieu m'a « exaucé tout de même. » Cet ami étant venu visiter le saint prêtre dans sa dernière maladie, comme il le trouva souffrant beaucoup et affligé en outre de quelque circonstance fâcheuse de sa maison, il lui rappela sa prière : « des croix, mon Dieu. » Mais M. Join-Lambert l'arrêta court, et d'un ton sévère, même un peu mécontent : « Je regrette de vous avoir dit cela, « lui dit-il, je n'aurais pas dû le faire : je vous prie de « ne pas le répéter. » Il semblait à l'humble malade que cela pouvait tourner à son honneur, comme si Dieu l'eût traité comme il traite ses saints. Et vraiment il en avait été ainsi.

Mais on peut dire que de toutes ces croix, la plus lourde, celle qui a pesé le plus lourdement sur M. Join-Lambert, c'est la difficulté qu'il a toujours trouvée à se procurer de dignes collaborateurs. Il en a eu certainement qui ont été pour lui des amis fidèles et qui se sont associés de cœur à son œuvre. Ainsi M. Bizet, d'Elbeuf, longtemps professeur dans la maison de M. Poiloup, à Vaugirard, s'en étant retiré pour faire son séminaire à Saint-Sulpice, une fois ordonné prêtre vint à Boisguillaume et se donna tout entier à M. Join-Lambert. Et quoique, depuis, M. Poiloup lui eût envoyé deux de ses anciens confrères pour le déterminer à revenir à Vaugirard, où sa présence paraissait nécessaire, et l'assurant du consentement de Monseigneur, M. Bizet préféra demeurer à Boisguillaume, montrant par là tout à la fois son attachement à M. Join-Lambert, et l'estime qu'il faisait de son œuvre. Et certes M. Join-Lambert le lui rendait bien : il avait pour ce pieux et modeste ecclésiastique autant d'estime que d'affection. C'était à lui qu'il communiquait ses vues pour le bien de la maison, avec lui qu'il concertait ses plans, à lui qu'il s'ouvrait de ses peines. Mais soit que M. Bizet fût naturellement d'un caractère un peu austère, soit que sa santé, qui était mauvaise, lui ôtât de la liberté d'esprit et le rendît peu propre aux communications de l'amitié, M. Join-Lambert ne trouva pas en lui l'aide et la consolation qu'il avait attendues. Nul dans la maison ne se montrait plus régulier ni plus ponctuel que M. Bizet, nul n'entrait plus volontiers dans les soins minutieux que réclamaient les jeunes enfants, nul n'avait plus l'œil aux détails de la discipline, et ne signalait plus exactement les manquements qui se commettaient contre la règle; mais cette perspicacité à voir les défauts ne lui laissait pas assez de calme pour bien les juger, il envisageait facilement les choses par leur côté fâcheux, et c'est à peine s'il apercevait de consolantes espérances dans le lointain. Avec cela, bon, bienveillant, pieux, mortifié, en toutes choses l'exemple de ses confrères, en outre estimé et aimé des enfants.

Au moins M. Bizet était un ami et un ami dévoué, et M. Join-Lambert le savait digne de toute sa confiance. Mais que d'autres autour de lui, soit par inexpérience, soit par légèreté d'esprit, soit par entraînement, lui causèrent des chagrins réels, et furent des obstacles au bien, au lieu de l'aider à l'accomplir. Ce que le grand saint Grégoire, parlant du ministère pastoral, dit de la conduite des âmes, que c'est l'art des arts, on peut sans aucun doute l'appliquer au soin d'élever la jeunesse: car si l'on ne forme le cœur de l'enfant, l'on n'aura pas atteint son but. Aussi quelle éducation est celle de ces maisons où tout se borne aux études et à une discipline extérieure? Mais pour former le cœur, il faut pouvoir le manier, c'est-à-dire le tenir en sa main. C'est là du moins à quoi doit tendre le maître: car y réussir n'est pas toujours en son pouvoir. L'enfant a la libre disposition de sa volonté dont on doit tenir compte, il a son naturel auquel il faut avoir égard. Il a ses passions naissantes, les défauts et les préjugés de sa première éducation : que de choses à ménager pour arriver à son cœur et s'en rendre maître! Sans doute l'autorité de l'instituteur doit être assurée, car sans fermeté il n'y aura pas d'éducation, mais d'ordinaire la raison de l'enfant n'est pas foncièrement rebelle, surtout dans une maison bien réglée, où il voit par l'exemple des autres que la résistance serait inutile. Toutefois rien n'est fait si l'on n'atteint le cœur ; or, que de précautions, que de prudence, quelle adresse n'y faut-il pas ! M. Join-Lambert aurait pu donner des leçons de cet art, et il est à croire que si tous ses collaborateurs eussent voulu l'apprendre de lui, les choses auraient été mieux conduites. Mais en ce métier comme en tout autre, l'expérience ne peut pas se suppléer, et, d'ailleurs, M. Join-Lambert n'était pas maître de ses choix.

Pour des raisons difficiles à comprendre, l'administration diocésaine ne lui témoignait aucune sympathie efficace, et autant une maison comme la sienne peut prospérer avec ce concours, autant elle engendre de difficultés quand elle en est dépourvue. Plusieurs de ses auxiliaires lui vinrent comme par hasard, qu'il prenait en quelque sorte à l'essai, et qu'il gardait parce qu'il n'avait personne à mettre à leur place, car souvent il se trouva réduit à ne savoir où trouver des aides, le supérieur du Séminaire n'ayant personne à lui donner. Sans doute il rencontra des hommes qui s'attachèrent à lui au moins pour un temps, et qui travaillèrent utilement dans sa maison, mais quelques autres n'y passèrent, ce semble, que pour exercer sa vertu. Il est honteux de le dire : mais cet homme si bon, si prévenant, si plein de procédés honnêtes et délicats, trouva certains esprits assez mal faits pour contrarier ses vues et lui faire, selon l'expression moderne, de l'opposition.

Les élèves les plus raisonnables soupçonnaient les

contrariétés de leur digne supérieur et l'en aimaient davantage. « Notre affection pour lui devint encore plus grande, écrit l'un d'entre eux, quand nous vîmes la patience avec laquelle il supportait les embarras que lui donnaient plusieurs des professeurs. On remarquait la politesse avec laquelle il les traitait et voulait qu'ils fussent traités par nous, nous recommandant toujours de respecter tous ces Messieurs et ne leur donnant jamais tort devant nous. » Et lui-même était plein d'égards et de prévenance pour tous ses professeurs, même pour les plus jeunes et les derniers arrivés, leur donnant à l'occasion toutes les marques d'affection qu'ils pouvaient désirer. Ainsi plusieurs d'entre eux ayant souhaité qu'il vint assister à la première messe qu'ils devaient chanter dans leur pays, et l'ayant prié d'y prêcher, il se rendit à leurs vœux, quoique ce fut en plein hiver et que sa santé lui eût été une excuse trop légitime. Il remplit trois fois ce pieux office. Les deux instructions qu'il donna en ces circonstances, celle en particulier qui a pour texte ces paroles de l'épître aux Hébreux : *Jesus eò quod maneat in æternum sempiternum habet sacerdotium* [1], sont pleines des hautes idées du sacerdoce qu'il avait goûtées dès sa jeunesse et qui étaient encore alors aussi vives dans son âme, qu'au jour où lui-même était monté pour la première fois à l'autel.

M. Join-Lambert essaya plusieurs fois de rappeler à de plus saines pensées quelques-uns de ceux qui s'opposaient à lui ; mais il n'y réussit point, ou s'il parut avoir réussi, ce succès ne fut point durable. Comment expliquer ces choses sinon par la permission

[1] Jésus, parce qu'il demeure à jamais, a un sacerdoce éternel. (Hébr. VII, 24).

que Dieu donne quelquefois à l'esprit mauvais de semer la discorde entre les frères, fournissant par là à ses saints l'occasion de pratiquer la charité et la patience, et donnant d'utiles leçons à ceux qui sont assez humbles et assez sensés pour en profiter ?

M. Join-Lambert assistant un jour à la leçon d'éloquence sacrée à la Faculté de théologie, le professeur, qui parlait de Saint-Grégoire de Nazianze, cita à propos de la querelle de ce saint docteur avec son ami le grand archevêque de Césarée, ce mot d'un ancien doyen de la faculté, M. Holley, supérieur du séminaire : « On n'a point bien écrit la vie des Saints. On n'y a marqué que leurs vertus, on aurait dû y mettre aussi leurs défauts. » Cela fit rire M. Join-Lambert, qui plus d'une fois depuis le rappela au professeur avec lequel il était fort lié, disant agréablement en présence d'amis communs, que M. Labbé avait une dévotion particulière aux défauts des saints. Il est certain que tous ont eu des défauts, ce qui n'est dire autre chose sinon que tous ont participé à l'humaine nature, dont la condition est d'être courte par quelque endroit. Ce ne sera donc pas manquer de respect à la mémoire de M. Join-Lambert que de dire que lui aussi eut ses imperfections, et peut-être par là, contribua-t-il en quelque chose à cette division des esprits, et au manque d'égards dont il fut l'objet de la part de quelques-uns de ses collaborateurs. Sa grande perspicacité en lui découvrant à la fois tous les points embarrassants d'une affaire le rendait souvent indécis là où il aurait fallu prendre une détermination immédiate : sa grande bonté en lui faisant ménager à l'excès des hommes auxquels il aurait fallu montrer de l'autorité les enhardissait à lui résister. Un de ses amis lui reprochait un jour d'être trop géométrique et de traiter les choses morales un peu à la façon des démonstrations mathématiques : « Vous êtes trop carré, lui disait-il, il faut être plus rond que cela en affaires. » Et il est certain que plus d'une fois il lui eût fallu regarder de moins près et marcher plus hardiment au but. Mais il sembla qu'en toutes choses il devait trouver des difficultés et des embarras.

Il n'y avait pas jusqu'au bon et vénérable Mgr Blanquart de Bailleul, si bienveillant, si facile envers tout le monde, qui ne parût un peu plus contraint envers M. Join-Lambert. Celui-ci à l'arrivée de ce Prélat était allé lui rendre ses devoirs, et l'avait mis au courant de ce qui s'était passé l'année précédente, l'assurant que comme il n'avait eu d'autre vue en établissant un collége que de complaire aux volontés de Mgr de Croy, il ne voulait non plus poursuivre son entreprise qu'autant qu'elle serait agréable à son successeur, assuré qu'il ferait la volonté de Dieu en faisant celle de l'évêque. Le nouvel archevêque l'avait encouragé à continuer, lui disant qu'il regardait comme un des plus grands services rendus à l'Eglise et à son diocèse, les travaux qui avaient pour objet l'éducation chrétienne de la jeunesse. Et quand M. Join-Lambert fut pour acheter la propriété de Boisguillaume, il alla exposer son dessein au Prélat, qui approuva son projet et lui promit de nouveau aide et protection. Il l'autorisa dès lors à avoir une chapelle dans sa maison ; à y célébrer les offices et à y faire les Pâques et les premières communions. Ce fut ce pieux Prélat qui choisit lui-même pour vocable de la chapelle, le mystère de la Purification de la Sainte-Vierge et de la Présentation de Notre-Seigneur au temple.

Certainement Mgr Blanquart de Bailleul avait pour M. Join-Lambert l'estime la plus sincère et la plus profonde. Son désintéressement, sa piété, la grande utilité de son œuvre, le respect même que lui portaient les personnes les plus distinguées de la ville, tout devait contribuer à le rendre cher au Prélat, et il n'est pas possible qu'il n'eût en effet pour lui les sentiments les plus bienveillants. Cependant M. Join-Lambert ne trouva jamais, ou ne trouva que bien rarement auprès de l'archevêque, cet accès facile, cette liberté de parler de ses affaires et d'épancher son cœur, qui l'aurait rendu si heureux. A quoi cela tenait-il ? Peut-être pour une part à la timidité de son caractère, à ces habitudes de contrainte qui l'avaient tenu toute sa vie dans les limites du respect et de la soumission, sans laisser à son cœur la liberté des communications si douces à la piété filiale. Peut-être du côté du Prélat y avait-il quelques préventions, telles qu'il s'en forme quelquefois dans l'esprit des supérieurs, par les jugements défavorables que leur suggèrent certaines personnes qui les approchent. M. Join-Lambert, en effet, n'était pas loué par tout le monde ; il se disait bien des choses de sa maison qui n'étaient pas pour la recommander : les études, disait-on, n'y étaient pas aussi fortes que dans l'Université ; les professeurs n'y demeuraient pas assez longtemps ; la discipline était mal observée, et autres propos semblables, qu'il est si facile d'imaginer quand on croit avoir à se plaindre. Ceux qui s'occupent de l'éducation savent avec quelle légèreté mais souvent aussi avec quels dommages de tels propos sont répétés : il n'est point d'œuvre plus laborieuse, point non plus qui obtienne moins d'indulgence. Ces accusations étaient portées devant l'archevêque, lequel ne se prononçait pas assez clairement en faveur d'un supérieur, si digne de son appui. Il ne manquait pas non plus de personnes dans le clergé qui donnaient à entendre que l'établissement de Boisguillaume était une entreprise particulière, à laquelle le diocèse n'avait pas d'intérêt. Ces discours faisaient beaucoup de peine à M. Join-Lambert, qui n'avait d'autre désir que de travailler dans l'intérêt de l'Eglise et sous l'autorité de Monseigneur. Et s'il avait une ambition, c'était de pouvoir, l'institution une fois fondée, et toutes choses réglées convenablement, la remettre aux mains de l'Archevêque, lui laissant et à la Providence de Dieu le soin de la pourvoir et de la diriger à l'avenir. Ce fut ce qu'il fit entendre assez clairement, lorsque, recevant dans sa chapelle le vénérable Prélat, qui avait bien voulu venir visiter la maison de Boisguillaume et donner la confirmation aux élèves, il lui adressa ces paroles, expression véritable de ses sentiments :

« Monseigneur,

« Cette maison que vous daignez honorer de votre visite est toute vôtre. Elle est vôtre, parce qu'elle a été fondée sous vos auspices, et qu'elle a reçu de vous la bénédiction qui l'a fait prospérer ; elle est vôtre, parce qu'elle ne peut se soutenir que par votre autorité et votre protection ; elle est vôtre, parce que les cœurs de ceux qui la composent sont à vous : les cœurs de ces enfants, habitués à reconnaître en votre personne le représentant de Jésus-Christ, et à vénérer comme un père, le premier pasteur du diocèse ; le cœur de leurs maîtres, dévoués à l'accomplissement de vos désirs, heureux de travailler sous votre haut patronage à l'éducation de cette intéressante partie de votre troupeau. Elle sera vôtre, tant que mes forces me permettront de la diriger : puisse-t-elle encore être vôtre, lorsque la Providence divine ne jugera plus à propos de m'en laisser la conduite ! »

Et il finissait par demander en termes très touchants, pour les uns et pour les autres la bénédiction du Prélat. Cette visite fut une grande consolation pour M. Join-Lambert, et elle était évidemment de la part du vénérable archevêque une marque d'estime et d'intérêt pour la maison.

Il lui en donna une autre plus éclatante encore en le faisant chanoine honoraire, au commencement de l'année 1853. M. Join-Lambert partagea cet honneur avec M. Robert et M. Hébert de la maison d'Yvetot, avec M. Frigot, supérieur de celle de Mesnières, et un professeur du collége d'Aumale, ce qui fit dire à un curé de la ville qui n'était pas compris dans la promotion, que c'était une fournée de maîtres d'école. M. Join-Lambert, tant que sa santé le lui permit, se rendit très fidèle à officier à son tour, et quand il était présent au chœur, il faisait l'édification du chapitre. On aurait pu dire qu'il en était l'ornement.

IV

DÉVELOPPEMENTS DE LA MAISON DE BOISGUILLAUME

La révolution de février 1848 prit M. Join-Lambert à l'improviste comme tant d'autres et lui causa une véritable consternation. Il était alors dans ses grands embarras d'argent, et il ne manquait pas de soucis d'un autre genre. Outre ceux que lui donnait sa maison et qui auraient suffi à abattre son courage, il eut alors de vives inquiétudes au sujet de son père, dont la santé se ressentit du bouleversement public, et en demeura fort affaiblie.

L'abbé Join-Lambert, quand il avait commencé son établissement, était pourvu du diplôme de bachelier ès-lettres, qui suffisait au titre de simple maître de pension. Désireux d'obtenir le titre de chef d'institution, qui lui donnerait des droits plus étendus, il voulut subir l'examen du baccalauréat ès-sciences, qu'il passa en effet devant la Faculté de Caen, dans le dernier trimestre de 1846, ou au commencement de l'année suivante. Comment comprendre qu'une épreuve si élémentaire fût exigée d'un homme qui avait fait légalement preuve de connaissances beaucoup plus étendues, puisqu'il avait été admis dans le corps des ponts-et-chaussées, ce qui suppose des études considérables, et un rang distingué entre les élèves de l'école polytechnique ? Et cela frappa tellement le doyen de la Faculté, que, l'interrogation étant terminée, il dit avec beaucoup de politesse à M. Join-Lambert que les rôles étaient intervertis, et que ç'eût été bien plutôt à l'examiné de remplir ce jour-là les fonctions d'examinateur. Mais aux yeux de l'Université, il n'était de science que celle qu'elle avait reconnue valable elle-même, et l'on disait dans ce temps là que si Arago eut voulu être professeur de mathématiques dans un collége, l'Université aurait exigé de lui qu'il subît préalablement un examen devant ses délégués. Toutefois le double baccalauréat ne paraissait pas suffisant ; il fallait pour devenir chef d'institution être pourvu du grade de licencié en l'une des deux Facultés. M. Join-Lambert se mit donc à reprendre ses anciennes études, de manière à pouvoir subir avec honneur les épreuves de la licence ès-sciences mathématiques, ce qui ne lui aurait pas été difficile. Mais la Providence lui abrégea le travail.

Les événements de février 1848 avaient ouvert les yeux à beaucoup de personnes, sur les tendances irreligieuses et désordonnées de l'Université, durant le gouvernement qui venait de finir, et ce corps naguère si puissant et si tyrannique se trouva en un instant sans force et sans autorité. M. de Falloux, devenu ministre de l'Instruction publique, avant qu'il pût faire établir par une loi expresse la liberté d'enseignement depuis longtemps désirée, accorda le privilège du plein exercice à un certain nombre d'établissements, et la maison de Boisguillaume fut de ce nombre. Ce fut à un de ses collaborateurs que M. Join-Lambert dut en partie cet avantage. M. Cœuille qui avait la hardiesse et la vivacité d'un méridional, comme il l'était en effet, s'étant rendu à Paris pour quelque raison, alla trouver le ministre, et s'autorisant du nom de M. Join-Lambert, sans en avoir prévenu celui-ci, demanda pour sa maison le plein exercice. La bienveillance et les bonnes dispositions de M. de Falloux engagèrent M. Join-Lambert à faire lui-même le voyage de Paris, et il obtint du ministre le privilége qu'il désirait : en quoi il fut aidé par M. Coppinger, comme lui ancien élève de l'école polytechnique et chef de division au ministère des finances, homme d'une grande religion et digne d'ailleurs de toute estime, lequel intéressa en faveur de M. Join-Lambert un sien parent, M. Jules Ancel, député du Hâvre à l'Assemblée, et ami de M. de Falloux. M. Xavier Labbé, supérieur du séminaire d'Yvetot, quand il revit M. Join-Lambert, lui dit en le félicitant ces paroles du centurion à Saint-Paul, dans les Actes : « *Ego civilitatem hanc magnâ pecuniâ consecutus sum* (1). Vous au contraire, M. Join-Lambert, vous pouvez presque dire comme saint Paul : « *Ego autem et natus sum* (2). » Le fait est que le plein exercice avait occasionné à la maison d'Yvetot, outre les grands travaux que ses membres avaient eu à faire pour arriver aux grades, une dépense d'environ vingt-cinq mille francs, tandis que M. Join-Lambert l'avait eu pour rien et sans qu'il lui en coûtât autre chose que quelques démarches. Mais que de peines et d'inquiétudes de tant d'autres côtés !

Du reste la loi de l'enseignement suivit bientôt, laquelle rendit plus facile l'établissement de maisons d'éducation. On en vit s'élever de nouvelles dans la plupart des diocèses, et celles qui existaient déjà furent dégagées des entraves qui les avaient gênées auparavant. Le diocèse de Rouen était un de ceux où le clergé avait le plus fait pour l'éducation, dans un temps où le gouvernement était si hostile à ces sortes d'institutions.

(1) Moi j'ai obtenu ce privilége à grand prix d'argent.

(2) Et moi je l'ai eu naturellement (par ma naissance). Act. XXII, 28.

Outre le petit séminaire établi au Mont-aux-Malades, la maison d'Yvetot, le collége d'Aumale, Mesnières et enfin la maison de Boisguillaume offraient, ce semble, aux familles chrétiennes ce qu'elles pouvaient désirer. Mais que de sacrifices et quels dévouements il avait fallu pour arriver au point ou l'on était alors ! Certes, entre ces dévouements, celui qui avait fondé la maison de Boisguillaume pouvait soutenir la comparaison avec tous les autres.

Dieu tenait en réserve de nouvelles croix pour M. Join-Lambert avant de l'appeler à lui ; et dans les années qui précédèrent sa mort, il l'éprouva par l'endroit le plus sensible en lui enlevant successivement ses amis et ses proches.

Son frère aîné fut le premier ravi à sa tendresse. Il mourut le 4 décembre 1848. L'abbé Join-Lambert ressentit vivement cette perte. Ce cher frère n'avait pas eu de rapports bien suivis avec lui, leurs carrières étant différentes, mais ils se portaient une estime et une affection mutuelle, et d'ailleurs, M. Join-Lambert, l'aîné, avait confié à l'abbé son fils unique, privé de sa mère. Esprit grave et sérieux, il était capable d'apprécier le dévouement de son frère, et quoique au-dessus de lui par l'âge, il avait pour lui le respect que les bons esprits et les cœurs droits portent à la vertu. Sa mort, que présageait depuis quelque temps une santé affaiblie ou plutôt délabrée, fut plus prompte cependant que l'on eût pensé : le bon abbé eut à son sujet pendant les derniers jours, toutes les inquiétudes qu'inspire une foi vive, jointe à un tendre attachement. Dieu lui donna la consolation de savoir que le mourant avait été assisté par un vicaire de la paroisse, M. Morin, son premier collaborateur à Bonsecours. Mais que son cœur fût serré ! car peu d'hommes étaient plus sensibles, quoiqu'il fût fort réservé dans l'expression de sa douleur. Il disait peu après à un ami, qu'entendant chanter l'Evangile à la messe de l'inhumation, quand on en était venu à ces paroles de Marthe, sœur de Lazare au Sauveur : « *Domine, si fuisses hic, frater meus non fuisset mortuus,* » [1] il s'était senti près de défaillir. Le défunt laissait à ses soins son fils unique, orphelin, que M. Join-Lambert avait au nombre de ses élèves et qu'il affectionnait beaucoup.

Mais sa grande affliction fut la mort de son père arrivée au mois de décembre de l'année 1851. Depuis bien des années les vœux et les prières de ce fils si chrétien se tournaient principalement de ce côté. Quoiqu'il ne lui eût pas été donné de jouir de son père et d'entrer en communication intime avec lui, il l'aimait avec la plus affectueuse tendresse, et son amour n'était égalé que par son respect et sa soumission. Il passait toujours en sa compagnie une partie des vacances à Elbeuf ou dans la terre du Tilleul que M. Join-Lambert possédait à Bacqueville. Il aimait les beaux bois qui entouraient le château, et il se plaisait à reposer sous leur ombrage ou à se promener en lisant dans les vertes allées. Mais telle était sa crainte de gêner son père, ou de déranger de son service les domestiques de sa maison, qu'il allait tous les jours à pied, quelque temps qu'il fît, à Bacqueville ou à Pierreville pour dire sa messe, revenant également à pied sans avoir rien pris, lorsqu'il eût été si naturel qu'il se fît conduire en voiture. Mais il y avait dans cette coutume autant de modestie que de crainte d'être incommode.

C'était par dessus tout le salut de son père qui l'oc-

[1] Joann. XI, 21.

cupait : c'était là ce qu'il avait demandé à Dieu depuis des années, et une fois vers 1847, lui écrivant à l'occasion de sa fête, il s'était hasardé à toucher quelque chose de cette matière si délicate. Non que ce digne père fût le moins du monde hostile à la religion : il en respectait les principes, et même était fidèle à en observer jusqu'à un certain point les pratiques, gardant exactement les abstinences prescrites par l'Eglise et assistant régulièrement à la messe les jours de dimanche et de fête. Il est même à croire qu'il y avait dans son cœur plus de religion qu'il n'en laissait voir au dehors, et l'on a su, mais seulement depuis la mort de son fils l'abbé, que dans un petit séjour qu'il fit à Paris en une certaine année, au temps de Pâques, il s'était confessé et s'était approché de la sainte Table, ce qui donnerait lieu de penser qu'il le fit d'autres fois, peut-être même tous les ans. Mais la chose était complètement ignorée, et la persuasion que son père se tenait éloigné des Sacrements, causait à M. Join-Lambert une peine continuelle.

Les vœux de ce bon fils furent enfin exaucés, et en cette année-là même (1847), il put se féliciter de son petit mot à l'occasion de la saint Hippolyte. Son père, il est vrai, ne lui en dit rien, mais il apprit du curé de Pierreville que ce qu'il avait tant désiré était accompli. C'était, en effet, au ministère de ce bon curé que M. Join-Lambert avait eu recours pour s'acquitter de ses devoirs religieux. Il aimait la simplicité de cet humble prêtre qu'il chargeait volontiers de ses charités, et il lui fit promettre de venir le voir, dès les premières atteintes de la maladie. Aussi, quand le digne curé eut appris que M. Join-Lambert était gravement malade en sa maison de la Cerisaie, il se rendit à Elbeuf. Il le trouva en effet souffrant beaucoup, mais plein de résignation et tout disposé à profiter de son ministère. Le religieux malade reçut les derniers Sacrements avec les dispositions les plus chrétiennes, et édifia jusqu'à la fin sa famille et tous ceux qui l'approchaient, par sa patience et son humble soumission à la volonté de Dieu. Il mourut le 26 décembre 1851, laissant à ses enfants, avec une belle fortune, quelque chose de meilleur encore, un nom sans tache et entouré de l'estime de tous. La portion d'héritage que reçut l'abbé Join-Lambert passa en grande partie tant au paiement des dettes contractées pour Boisguillaume, qu'à de nouvelles dépenses faites en vue d'agrandir la maison. Et tel était son désintéressement que jamais, même à l'égard de ses plus intimes et de ses plus familiers, il ne laissa échapper un mot qui fit sentir qu'il trouvait la charge pesante.

Après la mort de son pére, M. Join-Lambert pensa quelque temps à acheter ou à louer une petite maison de campagne dans laquelle il eût passé ses vacances et reçu ses amis. Mais il ne donna point suite à ce projet, sans doute pour ne point faire une dépensé superflue. Il avait d'ailleurs la maison de sa sœur, chez laquelle il était assuré de trouver l'hospitalité la plus affectueuse, car M. Charles Flavigny était pour lui comme un frère. Il savait aussi que MM. Labbé, d'Yvetot, n'auraient pas de plus grand bonheur que de le recevoir et de le garder chez eux le plus longtemps possible. Ayant eux-mêmes perdu leur père deux ans auparavant, ils avaient acheté une maison de campagne à Auzebosc, près d'Yvetot, et ils avaient invité ce digne ami à venir en faire avec eux la dédicace. La chambre qu'il occupa alors s'appela désormais la chambre de M. Join-Lambert et elle porte encore ce nom chez les familiers de la maison. C'était au commencement des vacances de 1851 qu'eut lieu cette prise de possession, et dès lors M. Join-Lambert devint visiteur assidu à Auzebosc dans les vacances, moins assidu toutefois que ne l'eussent souhaité ses hôtes. L'affection que lui portaient MM. Labbé, était en effet vive et ancienne. On a vu que lorsqu'il voulut prendre conseil sur les propositions de M. Godefroy, ce fut à M. Pierre Labbé qu'il s'adressa. Celui-ci tout en se chargeant de consulter l'affaire à Saint-Sulpice, engagea M. Join-Lambert à aller à Yvetot prendre l'avis de son frère, M. Xavier, qu'il estimait, non sans raison, plus prudent et plus avisé que lui. Mais ce frère accoutumé à user de grandes précautions à l'égard des supérieurs ecclésiastiques auxquels il avait été longtemps comme suspect par suite de préventions, entendant les noms de M. Juste et du cardinal de Croy, apprenant de plus que M. Godefroy était dans l'affaire, après un entretien très court, pria M. Join-Lambert de ne pas trouver mauvais qu'il ne le reçut point au réfectoire et qu'il ne lui donnât point à coucher. « Vous m'avez mis à la porte de chez vous, » lui disait quelquefois depuis en riant M. Join-Lambert. Mais quand une fois les choses furent réglées, et que la création d'un établissement eût été décidée, des rapports d'affection mutuelle ne tardèrent pas à s'établir entre M. Join-Lambert et le Supérieur d'Yvetot, et ces liens allèrent se resserrant jusqu'à la mort de celui-ci. M. Join-Lambert estimait en lui la gravité, la modestie, la prudence, l'égalité d'humeur, jointes à une douce gaieté, toutes choses par lesquelles ils se rapprochaient beaucoup l'un de l'autre ; mais de plus M. Labbé pouvait être fort utile à M. Join-Lambert par sa grande expérience, ayant déjà été dix-huit ans à la tête de la maison d'Yvetot, quand ce dernier commença la sienne.

Depuis lors, M. Join-Lambert vint souvent à Yvetot,

et il s'y plaisait beaucoup. En récompense il y trouvait toujours des visages épanouis et des cœurs ouverts, et l'on peut dire que sa venue y était une fête pour tout le monde. « J'aime M. Join-Lambert, disait le bon Supérieur, c'est un homme d'esprit, de cœur, de savoir-vivre. » Et il devint partie nécessaire de toutes les fêtes de la maison. Il assistait aux confirmations : il prenait part aux examens dans lesquels, pour le dire en passant, il faisait preuve d'un talent assez rare, celui de bien interroger, posant les questions nettement, aidant l'élève assez pour le rassurer, et cependant le mettant en demeure de montrer son savoir, ou de subir l'humiliation de son ignorance, penchant toutefois bien plus du côté de l'indulgence que de la sévérité. Lorsqu'il eut perdu son père, il donna à ses amis d'Yvetot une partie de ses vacances du jour de l'an, au point de faire dire en riant à Mme Flavigny qu'il se plaisait mieux avec eux qu'avec elle. Et cette visite du commencement de janvier à Yvetot procura aux élèves de cette maison, en 1853, l'avantage de complimenter M. Join-Lambert sur la nouvelle dignité de chanoine honoraire, avant ceux de Boisguillaume, lesquels étaient alors dans leurs familles, tandis qu'Yvetot n'avait pas alors de vacances à cette époque de l'année. Un compliment en vers lui fut en effet adressé à cette occasion au réfectoire, vers la fin du dîner, et comme M. Join-Lambert ne se laissait jamais vaincre en procédés, de retour chez lui, il envoya un bel ouvrage à l'auteur de cette pièce qui vraiment n'était pas mauvaise.

Mais c'était surtout à Auzebosc que M. Xavier Labbé et M. Join-Lambert jouissaient l'un de l'autre. M. Labbé étant tombé malade peu après qu'il eut fait l'acquisition de cette maison, M. Join-Lambert se fit un devoir de venir l'y visiter au temps des vacances, chacune des trois années qu'il vécut encore. Le malade qui, dans cette saison, était d'ordinaire un peu mieux, tirait une grande consolation de la présence de ce bon ami. Et puis il trouvait dans M. Join-Lambert un visiteur à son gré, un homme bien élevé, discret, sachant se mettre à son aise sans incommoder les autres. Nul en effet ne savait mieux jouir du repos et se rendre en même temps agréable à ses amis. On le trouvait dans sa chambre, lisant un bon ouvrage, écrivant des lettres, faisant une pieuse lecture, à quoi il ne manquait jamais en voyage, et le survenant était accueilli avec un air si affable et avec des paroles si bonnes qu'il ne pensait plus à s'en aller. A table, et dans la conversation qui suivait le dîner, son esprit, sa gaieté, ses réparties agréables charmaient ceux qui étaient présents. Les curés du voisinage, les professeurs d'Yvetot, venus pour voir M. Labbé, car il y avait souvent quelqu'un des uns et des autres, souvent même plusieurs au nombre des convives, étaient doublement heureux de leur visite quand M. Join-Lambert se trouvait à Auzebosc. Mais aucun ne goûtait plus sa présence ni son entretien que le bon supérieur, devenu trop souvent incapable de prendre part à la conversation, mais qui lui-même, homme d'un esprit fin et délicat, était plus que tout autre capable d'apprécier l'esprit de M. Join-Lambert.

On se tromperait toutefois si l'on croyait que cet esprit se dépensait en bons mots et en plaisanteries. Outre que M. Join-Lambert gardait naturellement la mesure en toutes choses, tout enjoué qu'il était dans la conversation familière, il savait y mêler à l'agréable l'utile et le sérieux. Comme il avait beaucoup vu, il avait aussi beaucoup retenu, et il y avait grandement à gagner dans ses entretiens. Il racontait d'une manière intéressante, et l'on pouvait être assuré de l'exactitude de ses récits. Jamais il n'aurait pour chose du monde embelli ou arrangé une histoire. Quel homme c'était pour la vérité !

V

MALADIE DE M. JOIN-LAMBERT. — SA MORT.

La santé de M. Join-Lambert, ainsi qu'on l'a vu, était ébranlée depuis longtemps ; sa poitrine en particulier donnait de l'inquiétude à sa famille. La tendresse de Mme Charles Flavigny pour un frère, qu'elle vénérait autant qu'elle l'aimait, lui faisait souhaiter qu'il eût pu se décharger d'un fardeau trop pesant pour ses forces. Mais comment et sur qui s'en décharger? Le médecin ayant été d'avis qu'il essayât les eaux de Cauterets, il partit pour les Pyrénées, au mois de juillet 1853, en compagnie de sa sœur et de son beau-frère, qui avaient avec eux leur fille, depuis Mme Des Mottes. Il se trouva bien du voyage et du traitement, à quoi contribuèrent sans doute, et la société si douce des personnes qui l'accompagnaient, et les soins affectueux dont elles l'entourèrent. Mais la moitié de son âme était restée dans sa chère maison au milieu de ses enfants; chaque classe lui écrivait tour à tour, et ses réponses contenaient toujours quelques avis utiles mêlés à des paroles d'encouragement et d'amitié. Il écrivait aussi en particulier à quelques élèves, notamment à son neveu Henri Flavigny, qu'il semblait déjà distinguer comme le fils de son affection. Il revint enfin pour la distribution des prix, et le repos des vacances succédant au traitement, il parut avoir repris des forces.

L'année suivante 1854, comme il était sur le point de partir de nouveau pour Cauterets, cette fois avec

M. Bizet, dont la poitrine donnait également de l'inquiétude, M. Pierre Labbé le pria de recevoir en sa compagnie, M. Xavier Labbé, auquel on avait pensé que ces eaux pourraient faire du bien. M. Join-Lambert y consentit volontiers, et ce n'était pas prendre une petite charge, car le Supérieur d'Yvetot était bien souffrant alors et quoiqu'il fût accompagné d'un sous-diacre de ses anciens élèves, qui lui était dévoué comme un fils, voyager avec ce cher malade, c'était de quelque manière en prendre la charge, et M. Join-Lambert prouva qu'il l'entendait ainsi. Ils firent le voyage ensemble, traversant les Landes en diligence, car le chemin de fer n'existait pas encore ; et combien M. Join-Lambert dut souffrir, lui qui avait besoin d'air, tandis que le pauvre M. Labbé redoutait le moindre souffle ! A peine arrivés à Cauterets, le malade épuisé par le voyage, fatigué de plus par une indisposition épidémique qui atteignit bientôt M. Join-Lambert lui-même, ne tarda pas à être plus mal, au point d'éprouver de vives inquiétudes que partagèrent bientôt ses compagnons, et il fallut songer au départ. Ami fidèle et s'oubliant lui-même, M. Join-Lambert interrompt sa saison d'eaux à moitié, et ramène son compagnon jusqu'à Rouen, au milieu de difficultés de toutes espèces. Hélas! trois ans ne s'étaient pas écoulés que M. Labbé, M. Bizet et M. Join-Lambert étaient allés recevoir la récompense de leur patience et de leur charité.

Celui de tous ses amis avec lequel il était en communication la plus intime, était M. Labbé aîné, M. Labbé Pierre, comme on le désignait généralement alors, frère de celui dont il vient d'être parlé, et son collaborateur à Yvetot. C'était à lui le premier, ainsi qu'on l'a dit, que M. Join-Lambert avait demandé avis sur les propositions de M. Godefroy et de M. Juste, et depuis ce temps-là il n'avait cessé de chercher auprès de lui conseil et consolation. M. Pierre Labbé étant professeur à la Faculté de théologie, venait à Rouen toutes les semaines pour son cours, ce qui donnait à son ami la facilité de l'entretenir de temps en temps. M. Join-Lambert avait grand besoin d'être soutenu et encouragé, et c'est à quoi s'appliqua pendant tout ce temps-là celui en qui il avait mis sa confiance. M. Join-Lambert le voyait généralement après la leçon d'éloquence sacrée à laquelle il assistait régulièrement, aussi utile critique qu'auditeur assidu. Car outre qu'il joignait à un goût très sûr, une instruction solide, et beaucoup de précision, il usait envers ses amis d'une liberté qui se trouve trop rarement dans ceux à qui l'on donne ce nom. Et ce n'était pas seulement dans des choses de littérature qu'il agissait ainsi, mais encore plus dans les sujets où il leur importait d'être avertis, comme sur les défauts qu'il remarquait dans leur caractère ou dans leur conduite. En cela il était exact comme dans tout le reste, de sorte qu'il y avait grand avantage à être de ses familiers. M. Pierre Labbé de son côté, tant dans les entretiens qu'ils avaient ensemble que par ses lettres, car M. Join-Lambert lui écrivait fréquemment, tâchait de relever son courage, surtout en l'exhortant à la confiance en Dieu et lui faisant espérer le secours céleste, car les moyens humains lui faisaient défaut de toutes parts. Cette amitié fut une des consolations du digne prêtre, surtout durant les dernières années de sa vie, et dans certains temps presque sa seule ressource. Mais combien M. Labbé eut à se louer d'avoir eu un tel ami, et qu'il lui fut doux à la fin d'avoir été honoré de sa confiance !

M. Xavier Labbé était mort le 5 mars 1855. Averti par le télégraphe, M. Join-Lambert était le soir même à Yvetot et rendait au frère du défunt, tous les services si désirables en pareille circonstance. Et il était plus que personne en état de donner conseil sur les choses relatives aux invitations, au cérémonial et à tous ces points délicats sur lesquels il est facile de se tromper par inadvertance ou par défaut d'usage. Il regretta dans le supérieur d'Yvetot un conseil ; mais il garda jusqu'à la fin pour son édification, le souvenir de ses vertus et des grâces que Dieu lui avait faites à la mort.

Une perte très douloureuse avait vivement affligé M. Join-Lambert en l'année 1851, quelques mois seulement avant la mort de son père. La fille aînée de sa sœur, Mme Jules Keittinger, mariée seulement depuis un an et demi, avait succombé à une longue maladie, regrettée de tous ceux qui l'avaient connue, et l'on pourrait même dire de ceux qui en avaient entendu parler. Car cette jeune dame était une personne accomplie, en qui Dieu avait mis non seulement les dons extérieurs qui semblent ajouter un ornement à la vertu, mais ce qui est infiniment plus précieux, la piété, la modestie, la droiture et la bonté du cœur. Elle avait eu en partage un mari craignant Dieu, élevé comme elle par une mère vraiment chrétienne, et que ne pouvait-on pas attendre de cette union ? Dieu ne fit pour ainsi dire que la montrer au monde, qui aussi bien n'en était pas digne, et la rappela à lui dans la fleur de l'âge, et quand tout autour d'elle lui présageait la joie et le bonheur. Mais elle avait appris à mettre plus haut ses espérances. Son éloge fut dans toutes les bouches ; mais elle avait mérité une plus belle louange. Comme quelqu'un félicitait Mme Flavigny, plusieurs années après la mort de cette fille chérie, de ce qu'elle avait de si bons enfants, si sages, si soumis : « Ah ! répondit-elle, c'est à ma pauvre Marie que je le dois. »

Cette fin toute prématurée qu'elle était et quoiqu'elle eût tant de tristesse, offrait aussi les consolations qui suivent la mort des amis de Dieu, et M. Join-Lambert était, plus que tout autre, capable de les goûter. Il éprouva un chagrin bien plus cuisant à la mort de son frère Edmond, plus jeune que lui, marié depuis trois ans et demi, et enlevé au mois de décembre 1855 par une de ces fièvres violentes, qui laissent souvent à peine à celui qu'elles ont saisi le temps de se reconnaître. Dieu fit cependant à celui-ci la grâce de se préparer à la mort par la réception des Sacrements, et il put accomplir ce grand acte avec toute la plénitude de ses facultés. Ce fut une consolation à la piété et à l'affection de M. Join-Lambert, moins grande pourtant qu'il n'eût souhaité. D'autres peines vinrent se joindre pour lui à la perte de ce cher frère. Les lourdes obligations qu'avait contractées le supérieur de Boisguillaume pour subvenir à la dépense des constructions récemment faites dans sa maison, ne lui permirent pas de conserver les beaux bois qui venaient de l'héritage de son père à Bacqueville. Il les vendit sans se plaindre de cette perte, ne paraissant pas regretter un bien auquel se rattachaient pourtant de doux souvenirs.

Quelques semaines après avoir rendu à son frère Edmond les derniers devoirs, il perdit le bon M. Bizet, son confrère et son ami, qui pendant dix ans avait partagé sa sollicitude à Boisguillaume et porté une très grande partie du fardeau. On a vu que ce digne prêtre était d'un caractère un peu austère, de sorte que M. Join-Lambert porté lui-même à la tristesse, ne rencontra pas toujours auprès de lui les encouragements dont il avait besoin. Mais il y trouva la fidélité, la constance, la discrétion, et ce qui est le plus précieux et le plus rare, le dévouement. M. Bizet souffrait depuis longtemps. Dès l'année scolaire qui avait précédé, il avait été obligé de quitter Boisguillaume pour remettre, s'il était possible, sa santé, et réparer ses forces. Rentré dans la maison au mois d'octobre 1855, il lui avait fallu bientôt s'éloigner de nouveau, et il s'était retiré aux Saints-Anges, rue des Canettes, où sa sœur vivait dans l'exercice de la charité. Ce fut là qu'il mourut le 13 janvier 1856, ayant donné jusqu'à la fin l'exemple de toutes les vertus sacerdotales.

C'était en effet un homme d'une piété peu commune, humble, mortifié, et ne sachant ce que c'était que s'épargner. M. Join-Lambert déjà bien souffrant lui-même, l'avait visité souvent pendant sa maladie; il voulut faire la cérémonie de ses obsèques, à quoi il avait été convié, et chanter la messe des funérailles. Cette mort laissait un grand vide dans sa maison et dans son cœur. Il perdait en M. Bizet, un ami dévoué, par qui le remplacerait-il? Quelques uns de ses collaborateurs lui étaient singulièrement attachés, entre lesquels étaient au premier rang MM. Monneveu et Bonamy. Il avait aussi grande confiance en M. Caillé, du diocèse d'Evreux, homme de beaucoup d'esprit et de talent, prêtre fort régulier, qui avait essayé de l'ordre des frères prêcheurs, mais n'y avait point fait profession. M. Caillé était un excellent professeur, et sous ce rapport, aussi bien que sous celui de l'instruction religieuse, il rendait de grands services à M. Join-Lambert, qui d'ailleurs prenait grand plaisir à sa conversation. Car M. Caillé avait une tournure d'esprit originale: il était piquant, un peu mordant même quelquefois, d'une indépendance dans ses idées et dans ses jugements qui allait jusqu'à la hardiesse. Il avait vécu un peu partout, à Paris principalement, de sorte qu'il avait vu beaucoup de choses et connu nombre de gens. Cela même était peut-être une preuve de son peu de constance, et M. Join-Lambert craignait toujours de le voir s'en aller, à quoi il donnait lieu par ses insinuations et par ses dires. D'autres encore parmi les professeurs étaient attachés à M. Join-Lambert; mais plusieurs s'éloignaient de lui, faisaient bande à part et évitaient même sa compagnie dans les récréations. Y a-t-il lieu de s'étonner si la tristesse dominait dans son cœur?

Il eut néanmoins dans ce temps là une grande consolation, en voyant trois de ses chers enfants se diriger vers le séminaire. MM. Fouard et de Beauvoir étaient entrés à Saint-Sulpice au mois d'octobre 1855, et Henri Flavigny se disposait à les suivre au mois d'octobre suivant. Ce dernier avait été élevé aussi bien que son frère Ernest, dans sa maison et sous ses yeux. Il les aimait tous deux tendrement comme il était naturel, et tous deux réjouirent son cœur. D'autres de ses élèves lui étaient également chers par leur bon esprit, et montrent encore aujourd'hui par la dignité de leur vie quelle profonde et salutaire influence M. Join-Lambert avait exercée sur eux.

Mais sa santé déclinait visiblement, et donnait de jour en jour plus d'inquiétude à sa famille et à ses amis. Vers la fin de juillet 1856, ayant été invité par sa nièce, Madame Des Mottes, à venir la visiter au Vertbosc, près d'Yvetot, il y alla un jeudi, passer une partie de la journée. Il avait couché à Yvetot, et voulait retourner le soir même à Boisguillaume, car il n'était pas volontiers absent de sa maison. Il aimait cette chère nièce d'une affection toute particulière, et quoiqu'il fut fort réservé à dire du bien des siens, quand elle s'était mariée, il n'avait pu se taire tout à fait de sa modestie, de sa douceur, de sa piété. Et tous ceux qui la connaissaient en disaient encore davantage. Il était donc venu de bon cœur, pour passer quelques heures avec elle et son mari, d'autant plus que Madame Flavigny et plusieurs autres personnes de la famille étaient au Vertbosc en ce moment. M. Join-Lambert admira les jardins nouvellement disposés, s'entretint volontiers avec sa sœur et quelques autres personnes assis à l'ombre de beaux arbres voisins de l'habitation, fut gai pendant le dîner, et partit de bonne heure avec M. Labbé qui était un des invités, afin de prendre le train du soir à Yvetot. Peut-être avait-il pris froid sous les arbres ; quelle qu'en fût la cause, à peine se trouvait-on à moitié de la plaine du Vertbosc, que M. Join-Lambert fut saisi d'une vive douleur au côté. Il arriva à Yvetot tellement fatigué et tellement souffrant, qu'il céda aisément aux instances que lui fit M. Labbé et resta à coucher au séminaire. Celui-ci aurait dû le retenir le lendemain matin, mais comme il arrive souvent en pareille occurence, il ne vit point la gravité du mal, et laissa partir son hôte par le premier train, ne voulant point le contrarier. Rentré à Boisguillaume, il fallut que M. Join-Lambert se mit au lit : son mal était une pleurésie bien caractérisée, mal d'une gravité très grande, surtout pour un homme si faible et si délicat. Il fut donc en état de maladie jusqu'à la fin de l'année : il parut pourtant à la distribution des prix, laquelle se faisait sans public ni solennité aucune ; mais cela même était au-dessus de ses forces, et après les adieux des élèves il dut se coucher de nouveau.

Au début des vacances, M. Labbé vint le visiter et passer quelques jours avec lui. Il le trouva un peu mieux, mais fort embarrassé pour compléter son personnel à la rentrée. Deux professeurs venaient de lui annoncer leur départ, comment les remplacerait-il ?

Toutefois, il était si délicat, que craignant sans doute de paraître suggérer à M. Labbé quelque chose qui pût lui être pénible, il n'insista pas et changea de conversation. Celui-ci le quitta sans s'ouvrir non plus de ses pensées, ne sachant encore s'il pourrait exécuter ce qu'il avait dans l'esprit.

Au nombre des prêtres du séminaire d'Yvetot était un professeur de mathématiques nommé M. Leplay, lequel, entré dans la maison en 1832, âgé de douze ans, n'en était jamais sorti. Mgr de Croy lui avait permis, en effet, d'y faire son cours de philosophie et de théologie, et d'y recevoir tous les ordres, sans passer par le grand séminaire. Il avait été particulièrement aimé de M. Xavier Labbé, qui s'était réjoui de pouvoir le garder dans la maison. Outre les leçons de mathématiques. M. Labbé l'avait chargé de la tenue des comptes, ce qui donnait occasion à M. Leplay de voir tous les jours ce bon supérieur et de jouir de son entretien familier. M. Labbé l'estimait fort et avait en lui une grande confiance. « Ce petit homme avait-il dit quelquefois, mènerait la maison. » M. Leplay était aussi très estimé de M. Join-Lambert, qui d'ailleurs lui avait rendu service en l'accueillant chez lui à la prière de M. Labbé et en le préparant avec grand soin au baccalauréat-ès-sciences, dans le temps qu'il faisait suivre à peu près le même cours d'études, au jeune de Saint-Philbert, pour le mettre en état de passer ses examens.

M. Leplay avait été reçu, et son diplôme fut utile à la maison d'Yvetot lorsqu'il s'agit pour elle du plein exercice. Cette maison se trouvait donc par là, aussi bien que M. Leplay, avoir une obligation de reconnaissance à M. Join-Lambert. C'était un puissant motif pour M. Labbé, ajouté à la tendre affection qui l'attachait depuis longtemps à ce cher ami. Il crut devoir passer par dessus toute autre considération, et céder M. Leplay à M. Join-Lambert, si la chose pouvait s'arranger ainsi ; il en fit donc la proposition à M. Leplay. Au premier mot de quitter Yvetot, celui-ci fut tout triste ; il était attaché à la maison, sa vie s'y était passée, il ne désirait pas autre chose. Mais la reconnaissance pour M. Join-Lambert, et la pensée de l'aider dans ses difficultés, que M. Labbé ne lui avait pas laisser ignorer, l'emportèrent sur tout le reste. « Je remets la chose entre vos mains, dit-il à son supérieur, et je ferai ce que vous désirez, sauf le consentement de Monseigneur ». Ce consentement fut bientôt obtenu, et M. Labbé alla porter cette bonne nouvelle à M. Join-Lambert, alors au Bosc-Guerard où il passait sa convalescence. Modeste et réservé comme toujours, il avait bien pensé à M. Leplay, mais de peur d'imposer un trop grand sacrifice à son ami, il s'était abstenu d'en rien dire. Ce fut une grande joie pour lui, et il lui sembla qu'il allait entrer dans une nouvelle ère. Il demeura encore quelques jours à se reposer dans la solitude et sous les beaux ombrages du Bosc-Guerard, jouissant de la compagnie de sa sœur, de son beau-frère et de leurs enfants, tous si pleins d'égards pour une personne si chère et si digne de respect.

De retour à Rouen, quoiqu'il fût encore bien faible, il alla offrir ses remerciements à Monseigneur de ce qu'il avait bien voulu lui donner M. Leplay. Une nouvelle épreuve l'attendait dans cette visite. Le bon Prélat tirant un cahier de notes, parla à M. Join-Lambert de sa maison de manière à lui montrer qu'il avait reçu à ce sujet des rapports fâcheux. Combien il lui en coûta d'être repris par son Archevêque ! lui si dévoué à son autorité, et qui n'avait ambitionné d'autre récompense que l'approbation du premier pasteur ! Certainement le vénérable Prélat agit en cette circonstance par le sentiment du devoir: mais le ton sérieux et presque sévère qu'il donna à ses avertissements les faisait ressembler à des reproches, et M. Join-Lambert n'avait pas alors la force de les porter. Il garda un souvenir douloureux de cet entretien et lorsqu'après la rentrée, il rapporta à ses collaborateurs l'avis qu'il avait reçu, ils purent encore apercevoir en lui les traces d'une vive émotion et d'un profond chagrin.

Ce fut dans cette même visite que M. Join-Lambert pria Monseigneur de lui fixer ainsi qu'à ses confrères, à quelle époque il jugeait à propos pour eux de commencer à se servir dans le particulier du bréviaire et du missel romain. Le Prélat avait en effet adressé à son clergé, le 10 juillet de cette année, une circulaire dans laquelle tout en reconnaissant que l'on pouvait continuer l'usage des anciens livres, jusqu'à ce que le nouveau rit eût été introduit dans l'office public, il témoignait néanmoins qu'on lui serait agréable, en préludant par la récitation particulière à la célébration des offices romains.

M. Join-Lambert n'avait pas vu sans quelque regret arriver ce changement. Il était attaché à l'office de Rouen, avec lequel il avait été élevé, à ces chants auxquels il avait été accoutumé dès son enfance et qu'il aimait tant à répéter au point qu'il les savait presque par cœur. Mais il était trop dévoué à l'Eglise, trop soumis au souverain Pontife, trop obéissant à son évêque, pour balancer un instant à faire ce qu'ils paraissaient désirer. Et Mgr Blanquart de Bailleul lui ayant fixé la fête de la Toussaint pour inaugurer la récitation particulière de l'office romain, il commença ce jour-là à le réciter avec les ecclésiastiques de sa maison.

M. Join-Lambert n'avait pu faire cette année-là sa retraite durant les vacances, ainsi qu'il en avait l'habitude. C'était d'ordinaire à Issy qu'il se retirait pour ces pieux exercices, les directeurs de Saint-Sulpice habitant alors cette maison de campagne. Comme toute chose il prenait la retraite au sérieux, faisant par jour trois méditations d'une heure chacune, et exigeant de lui-même un compte rigoureux. On voit par les résolutions d'une de ces retraites (celle de 1848), que les peines qu'il éprouvait lui étaient un motif puissant de s'abandonner à la divine Providence, et, comme il dit, de se jeter entre ses bras. Il s'y propose une exactitude minutieuse à toutes les choses qui peuvent contribuer au bien des enfants, marquant chaque point en particulier, et ceux qui l'ont suivi peuvent dire s'il y était fidèle.

L'année précédente, M. Join-Lambert avait réuni ses confrères pour une retraite commune que le P. Dericquebourg, jésuite, leur donna dans les vacances. Mais quoiqu'il eût été content des conférences de ce père, et qu'il eût fait tout son possible pour en tirer profit, cependant comme il avait été dérangé alors à plusieurs reprises par des personnes du dehors, il voulut suppléer à ce qui lui avait manqué en allant, après la rentrée, passer quelques jours à Yvetot, dans des exercices spirituels. Il agit de même après la maladie qui lui avait rendu toute retraite impossible, et il essaya d'y suppléer en se retirant quelques jours à Auzebosc après sa visite à Monseigneur.

Au mois d'octobre il avait voulu conduire à Saint-Sulpice son neveu Henri, afin de le présenter lui-même au Supérieur et aux directeurs du Séminaire, et certes le pieux jeune homme ne pouvait entrer sous de meilleurs auspices dans cette sainte maison. Il la trouvait encore remplie de la réputation de son oncle et du souvenir de sa piété. Combien M. Join-Lambert aurait été heureux de remettre ce cher neveu entre les mains et sous la direction de M. Galais, son ancien maître et, depuis la mort du bon M. Ruben, son directeur et l'homme en qui il avait mis toute sa confiance. Mais M. Galais, comme tant d'autres qu'il avait aimés, lui avait été enlevé dans ces derniers temps.

Rentré à Boisguillaume il se remit à l'ouvrage, mais soit que ce petit voyage lui eût été une trop grande fatigue, soit que sa convalescence ne fût qu'un temps d'arrêt, il se trouva de nouveau souffrant et dit à M. Bonamy, un des professeurs dont il appréciait fort le dévouement : « Je crois que je vais être repris de mon mal. » Il fut en effet obligé de se mettre au lit, se releva bientôt, mais sans être guéri, et pour languir pendant le peu de mois qui lui restaient à passer sur la terre. Il continuait à s'occuper de sa maison, allant dans les classes, présidant la lecture des notes, faisant plus que forces, ainsi qu'il lui était arrivé bien des fois. C'était pour lui néanmoins une récréation d'assister aux classes de mathématiques, et il venait de temps en temps, prenant part à la leçon et enseignant avec vivacité. Il y parla une fois pendant plus d'une heure, et il en sortit si souffrant et si épuisé que l'on pensa qu'il avait fort aggravé son mal. Mais il aimait cette science, non-seulement dans ses applications, mais en elle-même, l'*x pur*, comme il disait quelquefois.

Sa fête se célébra comme d'ordinaire au mois de décembre, l'usage subsistant encore dans le diocèse de fêter saint Joseph, le 12 de ce mois. Mais il n'était guère en état de s'associer à ces joies d'écolier, toujours un peu bruyantes. Et telle était alors sa faiblesse que M. Paul Allard ayant composé une touchante élégie sur la mort de M. Bizet, pour la lire ce jour-là, les professeurs l'en empêchèrent, dans la crainte que cette lecture ne fût trop émouvante pour M. Join-Lambert. Ecrivant à son neveu Henri pour le remercier ainsi que ses deux condisciples de Saint-Sulpice, anciens élèves de Boisguillaume, des souhaits qu'ils lui avaient adressés à l'occasion de sa fête : « J'ai pu assister, lui dit-il, aux principaux exercices de ma fête : seulement de temps en temps, je m'échappais pour venir me reposer un peu seul dans ma chambre. La fête a été gaie : les enfants ont paru contents. Nous avions un cortège assez respectable d'anciens..... »

Dans la même lettre, il dit quelques mots de sa santé : « Je continue à me trouver mieux, mais avec force ménagements, surtout en ne sortant point. Il me reste encore un peu d'oppression et de toux. » Hélas ! pour ceux qui le voyaient, ce mieux était loin de présager un bien.

On l'avait contraint de coucher à sa chambre, car tant qu'il avait pu, il avait continué de coucher au dortoir, donnant par là à ses collaborateurs l'exemple d'une vigilance de la nuit comme du jour, mais surtout désirant la partager avec eux dans ce qu'elle a de plus pénible. Et il considérait ce point comme si essentiel, qu'un de ses anciens condisciples de Saint-Sulpice étant venu s'offrir à lui pour travailler dans sa maison, comme cet ecclésiastique mettait pour condition qu'il ne coucherait pas au dortoir, M. Join-Lambert ne crut pas devoir accepter son offre, quoique beaucoup de raisons dûssent l'y engager.

Ce lui fut une grande privation quand il devint incapable de prendre part aux récréations communes, car il les aimait et il y avait toujours été fort assidu. Il ne pouvait souffrir de demeurer assis après le repas, et s'il le faisait pour honorer un étranger ou pour lui être agréable, il en ressentait d'ordinaire quelque dommage. Mais surtout il se plaisait à l'entretien de ses confrères, fournissant lui-même très agréablement sa contribution. Il conversait aussi volontiers avec les élèves, principalement avec les grands : « Souvent, écrit un de ceux qui ont eu le bonheur d'être avec lui, il en prenait quelques-uns à la récréation du soir et allait se promener avec eux dans les allées qui entourent le verger. Là il parlait du monde, de ce qu'il y avait vu, de ses dangers... Il parlait à chacun de sa famille, de son avenir. Ces entretiens étaient intéressants et profitables. » Ces jeunes gens aimaient beaucoup M. Join-Lambert, surtout ceux qui se confessaient à lui. Il n'y a qu'à leur en parler encore maintenant, et l'on verra si leur cœur ne s'émeut pas à ce souvenir !

Il célébra encore la fête patronale de sa maison, qui était, comme on l'a vu, la Purification de la sainte Vierge, au 2 février. Il avait invité son ami, M. Pierre Labbé, à officier et à prêcher. Celui-ci ne revenait pas de son étonnement, voyant M. Join-Lambert assister à tout l'office en habits de chœur, se tenant debout, bien plus, chantant presque comme s'il eut été en santé. Il ne devait pas rester longtemps sans se mêler aux concerts des Anges.

Il s'affaiblissait en effet et le médecin concevait de grandes inquiétudes qu'il ne cachait pas à la famille. Toutefois il espérait qu'en soustrayant M. Join-Lambert aux soucis de sa maison, on pourrait, sinon le rétablir entièrement, du moins prolonger notablement sa vie. On en parla au malade qui entra dans cette vue; et pour cela, il fallait qu'il se sentît bien à bout. Mais où lui trouver une retraite ? car il ne voulait pas trop s'éloigner de sa chère famille de Boisguillaume. Il désirait demeurer à Rouen dans une maison que l'on aurait louée pour lui au penchant des collines qui dominent la ville au Nord, vers Saint-Romain par exemple, une maison bien abritée, exposée au soleil du Midi, avec un petit jardin où il aurait pu respirer un air doux, quand cet air serait venu. Riant tableau comme il s'en présente à l'imagination des malades, et dont la réalité ne vient jamais! Dieu voulait que ce saint prêtre achevât son sacrifice au milieu de ses chers enfants, et qu'il consacrât par sa mort la maison qu'il avait fondée avec tant de labeurs.

Il avait été résolu toutefois que M. Join-Lambert quitterait Boisguillaume aux vacances de Pâques, et qu'il irait prendre d'abord quelque repos à Elbeuf dans la maison de sa sœur, sauf à décider plus tard ce que l'on ferait quand la saison serait plus avancée. Se sentant plus fort de la présence de M. Leplay, il pensa qu'il pouvait s'en rapporter à lui et aux autres qui lui étaient attachés, pour conduire la maison durant son absence, et il dressa son plan, réglant toutes choses pour cet état provisoire et attribuant à chacun sa partie.

Il avait continué jusque-là à présider tous les jours la lecture spirituelle dans la division des grands, de sorte que ce fut encore lui cette année qui les disposa à la communion pascale. Comment eut-il la force de continuer si longtemps? C'était ce que les élèves eux-mêmes ne pouvaient comprendre. En vérité il se traînait pour aller jusqu'à la chaire, et les enfants craignaient qu'il ne tombât au milieu d'eux. Un jour, en effet, ils furent obligés de lui venir en aide, car il faillit perdre connaissance en traversant l'étude. Il parla encore le mercredi saint ; c'était la dernière lecture qui dût avoir lieu avant les vacances.

Le jeudi saint, qui était le jour où la communauté faisait ordinairement ses Pâques, M. Join-Lambert étant demeuré à jeun jusqu'à l'heure de la grand'messe, y assista en habits de chœur et communia le premier, suivi des professeurs et des élèves. Le lendemain, il descendit à l'office et alla, se traînant à genoux, à l'adoration de la croix. Il aurait pu dire comme Notre-Seigneur : « *Consummatum est* » [1], car il n'eut même pas la force de rester jusqu'à la fin de l'office. La toux, l'oppression, les douleurs qu'il ressentait dans le côté et dans la poitrine, le forcèrent de regagner sa chambre.

La veille, dans l'après-midi, il avait annoncé à ses professeurs réunis son prochain départ, en assignant à chacun sa part dans la conduite des affaires. M. Caillé devait présider la lecture des grands, M. Leplay ferait celle des moyens et recevrait les parents. Avec ces deux hommes auxquels il avait toute confiance, son cœur se reposait encore en deux autres, sur lesquels il savait qu'il pouvait aussi compter, M. Monneveu et M. Bonamy, et la suite a prouvé qu'il ne s'était pas trompé.

Ce jour même du vendredi saint, dans l'après-midi, comme il faisait beau soleil et que l'air était doux, M. Join-Lambert désira descendre et se promener dans les allées. M. Labbé qui était venu le visiter s'offrit à l'accompagner en lui donnant le bras, et ils gagnèrent ainsi, marchant à petit pas, l'allée qui est au fond du verger, tout à fait au midi. Là, M. Join-Lambert se trouva tellement épuisé, que s'étant assis sur un banc,

[1] Tout est consommé. (Joann XIX. 30.)

il parut près de défaillir. Ses traits s'altérèrent, sa respiration devint plus difficile, et M. Labbé assis à côté de lui et n'osant le quitter pour aller chercher de l'aide, crut qu'il allait lui manquer dans les bras. On était au vendredi saint, et il était trois heures après midi.

Les professeurs et les élèves partirent le samedi saint pour les vacances ne croyant pas trouver leur cher supérieur présent à Boisguillaume au retour, tout ayant été réglé pour son départ. Ils le retrouvèrent, mais au lit et n'offrant plus aucun espoir de guérison. Le dimanche de Quasimodo, Mme Charles Flavigny et son mari étant venus le voir avec quelques-uns de leurs enfants, on avait descendu le malade au jardin, porté dans un fauteuil. La journée était magnifique, un vrai commencement de printemps. Les hêtres commençaient à laisser échapper leurs feuilles. Le malade jouit assez longtemps de ce sourire de la nature : ce fut la dernière fois.

Cependant M. Leplay et les autres prêtres de la maison commençaient à craindre un accident prochain et subit, et il ne paraissait pas que M. Join-Lambert y pensât. Il avait, à la vérité, quelques semaines auparavant, causant avec deux ou trois d'entre eux, parlé des choses qu'il voudrait être observées après sa mort, au cas que Dieu disposât de lui, et réglé presque le cérémonial de son inhumation ; mais c'était de ces dispositions prises quelquefois pour un avenir que l'on peut croire éloigné, et il fut aisé de voir ensuite combien peu M. Join-Lambert pensait à la mort comme à une chose prochaine. Tant il est vrai que le Fils de l'homme « vient au moment où nous n'y pensons pas. » Mais M. Join-Lambert avait toute sa vie été fidèle à cet avis du même endroit de l'Evangile :

Estote parati [1]. Chaque soir outre la vigilance habituelle de sa vie, il faisait à genoux près de son lit, avant de se coucher, un acte de contrition le plus parfait possible, en vue de se préparer à la mort, au cas qu'elle le surprit durant le sommeil.

M. Labbé, sur un mot de M. Leplay qui lui fit part de l'inquiétude où l'on était à Boisguillaume, était accouru aussitôt. Le médecin avait dit formellement que l'on n'était pas assuré d'une journée. M. Labbé se rend auprès du malade et, après quelques paroles affectueuses, lui demande s'il ne pense pas à recevoir la sainte communion. « J'ai communié pour mes Pâques le jeudi saint », lui répondit M. Join-Lambert, « Eh! bien, reprend son ami, vous avez communié alors pour participer aux mérites de Jésus souffrant : aujourd'hui que nous sommes au temps de Pâques, vous le feriez pour entrer dans la joie de sa résurrection ». « Mais « n'est-il pas à craindre que cette cérémonie ne jette « quelque trouble dans l'esprit des enfants ? » — « Il « convient au contraire qu'étant leur chef vous leur « donniez cet exemple dans la souffrance. » Le malade parut alors réfléchir pendant quelques instants : puis regardant fixement son ami : « Pensez-vous, » lui dit-il du ton le plus grave, « pensez-vous que je doive aussi recevoir l'Extrême-Onction ? » M. Labbé vit qu'il était compris, et achevant de remplir l'office d'ami chrétien : « Il me semble, dit-il, que si j'étais à votre place, je voudrais la recevoir ». Alors le malade étendant sa main et prenant celle de M. Labbé : « Que je vous remercie ! » lui dit-il du ton le plus affectueux, « que je vous remercie ! » Mais ces paroles furent dites avec une si grande tendresse, que M. Labbé en fut surpris en même temps

[1] Soyez prêts. (Luc XII, 40).

que charmé, une telle effusion n'étant pas dans les habitudes de M. Join-Lambert. Celui-ci ajouta ensuite : « Puisqu'il en est temps, je désire faire cela tout de « suite pendant que vous êtes ici. Je vous prie d'enten- « dre ma confession : mon intention est de faire une « revue de toute ma vie. Je vais m'y préparer. »

La préparation ne fut pas longue. Sa confession terminée, comme on disposait toutes choses dans sa chambre pour l'administration des Sacrements, il demanda qu'on lui lavât les pieds par respect pour l'Extrême-Onction ; mais sa faiblesse étant très grande, on le pria de ne point s'en inquiéter. Les saintes huiles n'ayant pas encore été renouvelées, il témoigna la crainte qu'il ne fut pas selon la règle de s'en servir. On lui fit observer que l'usage accordait un certain temps pour les renouveler, surtout hors de la ville de Rouen, et il se tint tranquille.

Il avait désiré que les élèves ne fussent point présents à la cérémonie. de peur que ce spectacle ne produisit sur eux une trop forte impression. Les seuls prêtres et ecclésiastiques de la maison, revêtus du surplis et portant des cierges, accompagnèrent le saint Sacrement à la chambre du malade, pendant que les élèves demeurés dans la chapelle avec un des professeurs récitaient des psaumes et des litanies.

Le saint Sacrement ayant été apporté dans la chambre. et la cérémonie étant sur le point de commencer, M. Join-Lambert se rappela que selon le rituel de Rouen, encore en usage à cette époque, il devait être revêtu du surplis et de l'étole, et il demanda qu'on les lui mît, car on avait oublié de le faire. Il était fidèle jusqu'à la fin aux ordonnances de l'Eglise et à ses cérémonies, *juxtà leges et ceremonias*. Selon une autre prescription du même rituel, le prêtre qui administrait le saint Viatique à un confrère devait, le ciboire en main, s'approcher du malade et lui demander une profession de foi. M. Join-Lambert étant réduit à une extrême faiblesse, le prêtre qui l'administrait l'engagea à réciter cette profession tout bas; mais lui, heureux de rendre ce dernier témoignage de sa foi, récita le *Credo* tout entier, d'une voix haute et même forte, de manière à être entendu parfaitement de tous ceux qui étaient présents. Puis le *Confiteor* ayant été dit, et l'absolution générale prononcée, le prêtre, toujours selon le même cérémonial, tenant la sainte hostie élevée, et s'approchant du malade, commença le *Te Deum* que le clergé présent continua à deux chœurs. Et quand on en fut venu au dernier verset, tous gardant le silence, le pieux malade, les yeux fixés sur le saint Sacrement, dit avec une dévotion qui toucha tous les assistants : *In te, Domine, speravi, non confundar in æternum* (1). Et ayant dit trois fois le *Domine non sum dignus,* il reçut le corps du Seigneur pour lui être le gage de la vie éternelle et de la résurrection glorieuse.

Avant de quitter la chambre, le prêtre qui l'avait administré, s'approchant de nouveau de son lit : « Mon « cher frère, lui dit-il, quand on administre les « sacrements à un père, on le prie de bénir ses « enfants. Dieu vous a donné une nombreuse famille, « des prêtres qui vous honorent comme leur supérieur, « des enfants qui vous aiment comme leur père; « donnez leur aussi votre bénédiction. » Et aussitôt M. Join-Lambert étendant la main vers les prêtres qui étaient-là présents, dit d'une voix assez ferme, quoique émue : « Je les bénis tous. Pour ces Messieurs, je « demande à Dieu une grande fidélité à leur vocation,

(1) Dernier verset du *Te Deum* (Ps. X init.)

« l'esprit ecclésiastique et l'union fraternelle. Pour les « enfants, je leur souhaite un grand amour pour Dieu, « une grande pureté de conscience et une tendre « dévotion envers la Sainte Vierge. » M. et Mme Flavigny qui étaient présents, ainsi que Mme Des Mottes, le prièrent alors de les bénir également. Il le fit aussitôt, disant à M. Flavigny avec grande affection : « Je te bénis, toi et toute ta famille que j'aime tant ! » Sa confiance en ce cher beau-frère était sans bornes : « Charles arrangera cela, » dit-il, dans ces derniers jours, à quelqu'un qui lui parlait d'une affaire temporelle qui n'était pas réglée.

Le saint Sacrement ayant été reporté à la chapelle, le prêtre qui avait fait la cérémonie, avant de donner la bénédiction, redit aux élèves ses dernières paroles. Ils pleurèrent en les entendant.

On était au mercredi de la semaine de Quasimodo. Le malade languit encore trois jours, humble et patient, se tenant sous la main de Dieu. Sa faiblesse était extrême, mais il avait toute sa présence d'esprit et il la conserva jusqu'à la fin. Cependant, sauf quelques recommandations à l'économe, il ne parla presque plus. Outre qu'il n'aurait pu le faire sans une très grande peine, on peut croire qu'il évitait avec soin tout ce qui aurait pu être remarqué, fidèle jusqu'à la mort aux habitudes modestes de sa vie. Néanmoins Henri Flavigny étant arrivé de Paris pour le voir, le mercredi dans l'après-midi, il l'accueillit avec un sourire affectueux et lui témoigna sa surprise de ce que ces Messieurs de Saint-Sulpice lui avaient permis de venir. Et ce cher neveu lui annonçant qu'il était appelé à la tonsure pour l'ordination prochaine, il lui en marqua sa joie. M. de Saint-Philbert ayant demandé à être introduit, M. Join-Lambert le permit, à condition qu'il ne parlerait pas et qu'il ne resterait que quelques instants. On sait combien il aimait ce jeune homme, son premier né pour ainsi dire.

Pendant sa maladie, il avait fait suspendre son crucifix en face de lui, de manière à l'apercevoir facilement; mais dans ces derniers jours il se le fit donner, et il l'eut souvent à la main, le regardant avec amour et le pressant sur ses lèvres.

Le vendredi il eut une grande faiblesse, et lorsqu'il fut revenu à lui, il dit : « C'est dans un moment comme cela que je passerai. » Vers trois heures, il demanda à M. Leplay s'il pensait à lui donner l'indulgence plénière. M. Leplay lui répondit qu'il pouvait être tranquille à cet égard. « Vous en avez la responsabilité, » répliqua M. Join-Lambert. M. Leplay se mit en effet bientôt en devoir de lui appliquer cette dernière faveur de l'Eglise. Le malade voulut réciter le *Confiteor*, mais il ne le put, et il pria Henri Flavigny, qui ne le quittait plus, de le dire à sa place. Ce cher neveu répondit aussi aux prières de l'indulgence. Voyant alors que la fin était proche, et que le malade entrait en agonie, M. Leplay récita les dernières prières, pendant que la maison tout entière réunie à la chapelle, les récitait de son côté. Elles n'étaient pas encore terminées que l'on vint annoncer que M. Join-Lambert avait rendu son âme à Dieu. Il était environ cinq heures après midi du vendredi 24 avril 1857.

Ce fut un grand deuil dans toute la maison. Les élèves se retirèrent à l'étude en pleurant, et beaucoup d'entre eux parurent comprendre la perte qu'ils venaient de faire. Mais cette perte ne fut pas moins sentie au dehors. Le lendemain, M. Surgis, premier vicaire général et doyen du chapitre, annonça cette mort avec larmes aux chanoines présents pour la

Messe capitulaire, et ajouta qu'elle était une calamité pour le diocèse. L'affliction fut grande aussi parmi les parents des élèves, qui avaient été à portée d'apprécier M. Join-Lambert, et dont la plupart avaient en lui une entière confiance. Comme l'inhumation ne devait avoir lieu que le lundi, et que le corps du défunt avait été exposé, revêtu des habits sacerdotaux, plusieurs, venus ce jour-là pour voir leurs enfants, demandèrent à être introduits dans la chambre funèbre et à prier auprès de lui. Il y en eut même qui s'adressèrent aux prêtres qui récitaient l'office des morts, les priant de faire toucher leurs chapelets au corps du défunt qu'ils regardaient comme un saint. Tous les pères de famille qui avaient des enfants à Boisguillaume, même les plus éloignés, se firent un devoir de venir aux funérailles.

Elles eurent lieu le lundi. M. Caumont, vicaire général, archidiacre de Rouen, invité par la famille, fit la cérémonie. La bière avait été transportée dès le matin dans la chapelle de la maison, où des messes avaient été dites sans interruption. Grand nombre d'ecclésiastiques, entre lesquels plusieurs chanoines, le Supérieur du Grand-Séminaire, celui du Mont-aux-Malades, celui d'Yvetot, plusieurs curés de la ville, d'anciens professeurs de la maison formaient un nombreux clergé. Les élèves présents dans la maison marchaient les premiers à la suite du char funèbre. Venaient ensuite les beaux-frères, et des neveux du défunt avec les autres membres de la famille, suivis des amis de M. Join-Lambert, des parents des élèves et d'un grand nombre d'hommes les plus distingués de Rouen et d'Elbeuf. Les anciens élèves se faisaient remarquer entre tous par leur douleur sincère et leur tenue pleine de respect. Le corps fut porté à l'église de Boisguillaume, où l'on chanta la messe de *Requiem*.

et ensuite inhumé dans le cimetière de la paroisse (1). Un des anciens élèves de M. Join-Lambert avait préparé un discours qu'il désirait prononcer dans cette circonstance, mais on le pria de s'en abstenir, rien n'étant plus opposé aux convenances chrétiennes et aux règles canoniques.

On grava sur sa tombe l'épitaphe suivante :

D. O. M.

HIC JACET
VENERABILIS VIR JOSEPHUS-HIPPOLYTUS
JOIN-LAMBERT
PRESBYTER,
ECCLESIÆ METROPOLITANÆ CANONICUS HONORARIUS,
QUI SPRETO SÆCULO
SACERDOTIO INITIATUS
JUVENTUTI PIÈ INSTITUENDÆ
SUA IMPENDIT
ET SUPERIMPENDIT SEIPSUM.
BONIS OMNIBUS FLEBILIS
OBIIT DIE XXIV APRILIS MDCCCLVII
ANNOS NATUS XLIV,
CUJUS ANIMÆ PROPITIETUR
DEUS.

—

HENRICUS FLAVIGNY
EX SORORE NEPOS
MŒRENS POSUIT.

(1) Il repose aujourd'hui, dans la chapelle de l'Institution, devant le maître-autel.

Par son testament, écrit trois semaines avant sa mort, il léguait à son neveu Henri Flavigny, alors au séminaire de Saint-Sulpice, sa maison de Boisguillaume avec ses dépendances et tout le mobilier dont elle serait nantie au jour de son décès. C'était lui léguer son œuvre. Il priait en outre sa sœur et son neveu de faire dire *quelques messes* pour le repos de son âme : après la mort comme pendant la vie, il se contentait de peu.

Vie simple en effet, vie modeste, vie humble et cachée, et l'un des plus beaux exemples qu'ait vus dans ce temps le clergé du diocèse de Rouen. En M. Join-Lambert s'est trouvé réuni tout ce qui fait les saints prêtres et les rend chers à l'Eglise : l'innocence de la vie, la gravité des mœurs, le détachement des choses du monde, l'oubli de soi-même, l'humble soumission aux supérieurs, le zèle de Dieu et du salut des âmes. Et sa mort qu'a-t-elle été autre chose, sinon la consommation d'un long sacrifice ? Puisse sa mémoire vivre longtemps parmi nous ! puisse son œuvre être bénie de Dieu et porter elle-même à de nombreuses générations d'enfants, les bénédictions promises à la race des justes : *Generatio rectorum benedicetur.*

R. I. P.

Rouen. — Imp. Nouvelle, Paul Leprêtre, 75, rue de la Vicomté.

www.ingramcontent.com/pod-product-compliance
Ingram Content Group UK Ltd.
Pitfield, Milton Keynes, MK11 3LW, UK
UKHW020924180726
13838UKWH00002B/741